觉醒吧！中等生

祈风 著

人民邮电出版社

北京

图书在版编目（CIP）数据

觉醒吧！中等生 / 祈风著. -- 北京 ：人民邮电出版社，2024.8
ISBN 978-7-115-64141-0

Ⅰ．①觉… Ⅱ．①祈… Ⅲ．①中学生－学习方法 Ⅳ．①G632.46

中国国家版本馆CIP数据核字(2024)第078538号

◆ 著　　　　祈　风
责任编辑　徐竞然
责任印制　周昇亮

◆ 人民邮电出版社出版发行　　北京市丰台区成寿寺路 11 号
邮编　100164　电子邮件　315@ptpress.com.cn
网址　https://www.ptpress.com.cn
北京天宇星印刷厂印刷

◆ 开本：880×1230　1/32
印张：6.25　　　　　　　2024 年 8 月第 1 版
字数：134 千字　　　　　2025 年 10 月北京第 11 次印刷

定价：52.80 元

读者服务热线：**(010)81055296**　印装质量热线：**(010)81055316**
反盗版热线：**(010)81055315**

推荐序

祈风是我在清华大学的学弟，我于1998年考入清华大学，祈风则是在2018年考入的，整整相差二十年。和他相比，我的高考之路可谓平平稳稳。我的成绩长期保持在年级前十名，我没有经历过叛逆期，更没有从班级倒数逆袭的经历，甚至老师都没有对我说过重话，因为我循规蹈矩、按部就班。

现实很残酷

我在微博上写了上千篇关于学习方法、考试技巧的文章，经常有家长和学生向我请教怎么才能取得好成绩。我知无不言，把自己的经验结合脑科学、心理学的相关知识，尽力为他们解答。放在三年前，我肯定对自己很满意，毕竟我说的都是亲身体会，应该适合所有学生。

可惜，现实没那么简单，像我这种从小学"顺"到高三毕业的学生毕竟是少数，绝大多数学生没有这么幸运。许多成绩中等或较差的学生始终徘徊在自负和自卑之间，不断给自己打气，又不断怀疑自己。今天暗下决心努力学习，坚持一个月，满怀期待地参加考试，却被现实狠狠"打脸"。更有甚者，努力后排名还可能降低，进而产生自我怀疑并自问"我是不是个笨小孩"。

我的育儿心得

人到中年，我的儿子已经上初二，即将面临中考的竞争。经常有粉丝和我说："写书哥能考上清华，写书哥的儿子肯定也没问题，虎父无犬子嘛！"在儿子上小学三年级以前，我也是这么认为的，但好景不长，我发现事情没那么简单。

首先，儿子出生在北京，吃得好用得好，没有多少生活压力，他对现状很满意，因此学习动力小了很多。不像我小时候，为了考到大城市，心中总憋着一股劲。这是绝大多数城市孩子的特点（注意，这不是缺点），因此需要有其他动力来驱动孩子学习，这就对家长提出了更高的要求。如果忆苦思甜，说父母当年多么不容易，孩子根本不能感同身受，也听不进去。

其次，现在的课本知识点更庞杂，比二十年前难度高很多。即使家长耐心辅导孩子功课，想办法给孩子创造各种学习条件，也未必取得好的效果。为什么呢？因为学习的主体是孩子，旁人只是辅助，只有孩子自己想学，琢磨出适合自己的方法，才能事半功倍，一日千里。

学习方法具体怎么琢磨呢？这本书中有详细讲解：找老师请教、模仿同学、向学霸借笔记本、给同学讲题……每个人的学习基础、脾气秉性都不同，适用的学习方法也不完全一样。看到祈风越挫越勇的劲头，我相信我的孩子也能斗志昂扬。

最后，现在的孩子都很幸福，从小被爸爸妈妈、爷爷奶奶、姥姥姥爷捧在手心里。这可能导致他们抗挫折能力普遍较弱，承受不了失败，遇事很容易放弃。如果用历史人物来鼓励他，他会有距离感，不能感同身受。

相比之下，祈风的故事能带给孩子力量，让孩子拥有"黑色生命力"。"黑色生命力"特指那些经受过巨大的压力、逆境或创伤，但最终度过并幸存下来的人所展现出来的生命力。这种生命力或许不能让你获得多大的成功，但却能让你在陷入困境时迅速从失望和不安中恢复平静。

这种能力远比数学考满分重要得多，这也是我羡慕祈风的地方——我小时候过得太顺，心理承受能力不够强，导致创业后吃了很多苦头，年过四十才补完这一课。

这本书给我的启发

我用了四个小时从头到尾读完了这本书，真是过瘾！它让我回忆起二十多年前的高中时代。这本书的本质是讲学习方法吗？不是的！在我看来，它更像一场"学霸养成游戏"，游戏的主角是祈风，最后的大"boss"是高考，中间穿插着不同的场景和游戏情节。

• 语文、数学、英语、物理、化学、生物等各学科的考试仿佛是一个个小怪兽，要挨个儿打倒它们需要习得特别的技能，例如有的需要逻辑思维能力，有的需要记忆力，有的需要阅读技巧。

• 有很多"辅助"帮助主角，如班主任和各科老师。可惜主角有一段时间幼稚极了，经常给老师添麻烦，把老师气得暴跳如雷。

• 有很多"损友"带着主角开小差，脱离主线任务。一些人会沉迷其中不能自拔，被"读书无用论"蒙蔽双眼，等到成年后才追悔莫及。

- 也许有很多次失败在等着你，但是没关系，每次失败都能让你"补充装备"，为打最后的大"boss"做准备。

我会把这本书推荐给我的儿子，并让他多读几遍；我也会和他讨论，相信他一定会有所收获。这本书最出彩的地方有如下几点。

（1）必胜的信念。初中成绩在年级排倒数怎么办？在学校被欺负怎么办？贪玩少年还有机会逆袭吗？这些问题都是祈风经历过的，并且被他成功解决。书中会告诉你，起点低不可怕，可怕的是放弃自己，无论如何都要相信自己，突出重围。

（2）死磕的决心。"努力学习了半年英语，成绩还是没有起色，我是不是没救了？"不！你只是没有找对方法，继续寻找，总有拨云见日的一天。祈风为了搞定英语，在高中用了一年多的时间摸索，从不及格到第二次高考148分，他行你也行！

（3）平稳的心态。从年级倒数，到年级前五十名，再到全市第一名，然后又跌成中等生，甚至第一次高考失利，导致复读，这么多波折都没有打垮祈风，他依旧能心平气和地复读，并带病参加第二次高考，最终考入清华大学。这种心态值得所有人学习。

最后，我从书中总结了五个"越努力越倒霉"的学习方法和学习心态，家长一定要告诉孩子。

（1）熬夜学习。试图通过拼时间赶上成绩好的同学，甚至学到深夜十二点，导致第二天昏昏沉沉，学习效率极低。要知道，睡觉时大脑也在工作，它会整理白天的知识，将它们分门别类，方便考试时提取。这就像洗衣服，白天洗衣服、晾衣服，晚上就要把晾干的衣服收进衣柜挂好；不能天天洗完衣服晾干后，堆到一起不收拾，这样洗得再多，穿的时候还是没有现成的。

（2）迷信刷题。只刷题不对答案，不订正；或者订正以后，不研究错题。这样貌似收获了一沓沓试卷，但错的依旧会错，毫无进步。其实，刷一套试卷，你收获的只是那几道错题，真正的高手，刷题后会紧盯错题，反复琢磨。

（3）好高骛远。总觉得自己是最优秀的，试图挑战老师，挑战班里的第一名，找一堆难题死磕，结果在基础题部分丢分。这时还反过来安慰自己"难题1分相当于基础题的3分，我最厉害"。

（4）内耗严重。容易受其他人影响，人坐在课桌旁，脑子却在胡思乱想，比如：这次考不好，怎么对得起父母？同桌小花的语文为什么提高了20分？世界杯开幕，今晚怎么说服妈妈让我看一场呢？

（5）急功近利。不尊重学习规律，试图一天背200个单词，一晚上搞懂10道数学难题，一节自习课背诵3篇古文，妄图一口吃成个胖子，这本质上是因为贪心。一次背诵200个单词，不如每天背10个记得牢；一次背诵60分钟，不如连续4天一次背15分钟记得牢。流水不争先，争的是滔滔不绝。有些孩子的确很努力，甚至比学霸还努力，成绩却始终处于中游，甚至越努力越下滑，这是因为他们做的都是"无用功"，甚至是"负功"，陷入了恶性循环。大家一定要引以为戒！

方向对了，努力才有用。下面这句话我很喜欢，送给大家：要缓慢而稳定地赢得比赛！

写书哥

《费曼学习法》作者

前　言

农村出身，性格内向，成绩平平且默默无闻，小时候的我始终是班上最容易被忽略的孩子，是有些老师口中的"笨蛋"，是父母眼里的"老实娃"。人生本该如此不声不响地度过，可我之后的经历与翻天覆地的改变，足以让任何人咋舌。

上初中后，我先后代入过各种角色：得意忘形的中等生、自卑自闭的受气包、自暴自弃的差生、努力而不见成效的中等生、突然开窍的优等生。进入高中，我又代入了下面的角色：搅动风雨的差生、洗心革面的"回头浪子"、努力而困顿的中等生、一飞冲天的优等生、后劲不足的退步者、"重拾旧山河"的领头羊。可就在我以为万事俱备、只待高考时，意外的脑瘀血和发烧让我名落孙山，我不得不开启复读生涯。

复读那年，我又经历了多次变故：环境变化、生病、成绩骤降等。面对这些情况，我采取了各种应对之法，最终重整旗鼓，考上了清华大学。

差生、中等生、优等生，内向的学生、外向的学生，受欢迎的学生、不受欢迎的学生……波折不断的经历让我发现不同类型、不同成绩段的学生有着不同的提升困境。但总结起来，这些困境离不开以下四个方面。

第一，缺乏稳定的心态，喜欢自我设限。

你是不是总会因为一次考试考得好就得意扬扬，一次考得差就垂头丧气？你是不是努力一段时间后就会泄气？要知道，稳定的心态才能给我们提供稳定的动力，很多同学就是因为缺乏坚持和动力，才会在尚未取得进步之时就半途而废，或是在取得进步之后就忘乎所以。

你是不是很羡慕"别人家的孩子"，觉得自己不够聪明？你是不是认为学习好的同学都是天赋异禀？我想告诉你，同样的家庭环境、教育水平，我的哥哥姐姐成绩却都不太好，哥哥高中辍学，姐姐复读一年考上了一所普通院校。当你给自己打上"不够聪明"的标签时，你就给自己设置了一个提升的瓶颈和一个自我囚禁的牢笼。

第二，没有一个能互相促进的朋友圈。

你听没听过"读书无用论"？见没见过类似"10年前他考上清华，10年后他成为我的员工"这样的标题？这样的论调在学生当中相当有影响力。

当有着相同负面思想和诉求的学生聚集到一起，相互之间很难有正向的影响，因为他们会不自觉地排斥相同年龄段更优秀的人、更成熟的思想——叛逆和稚嫩导致他们故步自封。

第三，缺乏明晰的目标与规划。

你有没有过为了下一次考试能考好、能扬眉吐气、能得到父母的奖励而努力的经历？可是努力之后呢？获得奖励之后呢？你能不能持续进步，还会为什么而努力学习呢？中考生不知道自己想上什么样的高中，需要什么样的分数，高考生不知道自己想去什么样的大学，需要什么样的名次，这是非常普遍的现象。

如果你知道自己的目标，那你有没有明确的规划呢？语文、数学、英语需要达到什么样的分数？对物理、化学和生物的知识又需要掌握到什么程度？你每天要花费多少时间学习哪些知识？明晰的目标与规划能帮你不断校准对自己的认识，进而调整前进的方向。

第四，找不到或者没有尝试寻找适合自己的学习方法。

提到努力学习，你能想到什么？是只有"努力学习"四个字，还是无穷无尽地刷题？抑或是老生常谈的"上课认真听讲，下课认真写作业"？这些都没错，可是什么叫努力？什么叫学习？什么叫认真？如何刷题又如何听讲呢？这些具体的内容才是我们真正要去寻找的学习方法和提升窍门。

"努力"只是一个模糊的概念，重要的是如何定义努力，如何才算得上努力。我是一个智力水平中等，但执行力较强的人，诸多奇遇也都与较强的执行力有关，我的进步和改变也与自己的行为密切相关。

接下来，我希望能帮你解决以下问题。

（1）没有信心。我们见过很多"别人家的孩子"，他们很聪明，不费多少工夫学习成绩就很好，这让学习在我们的心中变得单一化、脸谱化，似乎"天赋""智商"是决定性要素，从而在无形之中给自己套上进步的枷锁。但打破枷锁之后你会发现，人人都有"天赋"。

（2）没有持续的动力。下了一万遍决心，可每次做事总是三分钟热度，上一节课还能按捺住自己，下一节课就已经开始魂游天外、忘乎所以了，这更多是因为缺乏目标和动力。

（3）缺少整体规划。很多人的目标只是一个模糊的概念，他们不能把自己的目标转化为具体的行动，这更多是因为不会进行规划，没有把目标进行拆解。

（4）不会听课。上课认真听讲似乎是最基本的学习要求了，可很多同学就是做不到。是因为新知识太多，跟不上老师的节奏吗？不，这更多是因为课下的工作没有做到位。如果课前你已经对知识了然于胸，只是带着几个特定的问题去听课，那课上就不需要紧跟老师的节奏，能够有一些思考和巩固知识的时间。

（5）不会调整心态。上一场考试考得不好，就垂头丧气，并连累下一场考试；上一场考试考得很好，就得意扬扬，导致下一场考试因骄傲而粗心。这更多是因为缺乏长远目光，局限于一场考试、一次排名，被情绪操纵着心态，让心态掌控着自己。

（6）缺乏正确的学习方法。每个人的学习情况不同，适用于别人的学习方法不一定适用于你。本书中提到的学习方法是经过很多人成功实践之后提炼出来的，或许对大家都会有一些帮助。

在中学时期，我经历过许多次的角色转变、心态起伏，但我始终没有放弃前进的信念。无论你是着急想改变的差生、不甘于现状的中等生，还是对未来有点儿迷茫的优等生，我想这本书都会让你得到成长。

你的学长 祈风
2018级清华大学学生

目　录

**附录：我的
高考心得**

后记

初中篇

　　所谓成长，就是自信毁灭与重建的过程：原先的自信被锤得粉碎，而后自己又在一片废墟之上重新寻找内心的力量，迈步前行，建立新的自信。这个过程中，自卑、自信、自负三者不断交织转化。在旧的自信被锤得粉碎而新的自信没有建立的阶段，我们自卑；在取得一些成果，新的自信未被验证而尚不成熟的阶段，我们自负。

　　有一首诗这样说："生命是自己的画板。"如果说成长是一次作画，那么自卑应是落笔前的踌躇，自负就是着色后的得意，自信则是沉着落笔作画的过程。在这个过程中，你能够最真切地感受自身的成长。

中学生活的开始：不起眼的中等生

我出生在一个人口庞大的省份。我父亲小学没有毕业，母亲不认识字，八岁那年，由于父母决定进城务工，我便跟随他们来到了一座四线城市，并直接从二年级开始上学。

家乡的教育资源匮乏，附近几十个村子只有一所小学，六个年级只有四位老师，所以一到"市里"，我就感觉自己与学校、同学都格格不入，不知所措的我开启了自我保护模式——表现得很自闭，希望自己能"隐形"。我的成绩也基本维持在中游。然而随着六年级的结束，一个意外打破了我"隐形"的生活：我报考了当地中考录取率最高的初中，因为考试发挥超常，竟然被录取了！具体排名已经不记得了，我只记得录取名单只有四页，我的名字排在第三页的后半部分。

这所初中每年中考的录取率都在90%以上，也就是说被录取基本就代表着我以后有高中可读了。按照住在同一个小院里的当地人的说法，这就等于半只脚已经踏入大学的校门了！

对于周围的大人来说，这简直难以想象，在他们的观念里，考上高中是一件很困难的事情。就连房东的大女儿也是考了两次才考上的高中，二女儿也是历经坎坷才在去年考上高中。

那段时间，父母提起我时都是红光满面的，而不是像往常那样说："这孩子太老实，啥也不会，啥也不懂。"

也正是那年，高考放榜，我的姐姐落榜，分数在二本线以下；中考放榜，我的哥哥落榜，没有考上高中；房东的大女儿更是第三次高考落榜。邻居家几个当年参加高考或中考的哥哥姐姐也都惨淡收场，没到参加高考或中考的人成绩也都堪忧。

当时我周围家长的教育方式都十分原始且简单。一到晚上，尽管工地施工的轰鸣声和夫妻吵架的咆哮声不绝于耳，也遮掩不住父母对孩子的训斥声和孩子的哭泣声。我居住的小院里，除了房东一家外，来来往往的住户中几乎没有谁家有一张书桌能供孩子安稳地写作业，但这并不妨碍家长们认为最合适的教育方式就是训斥孩子、夸奖他人。

我也就理所当然地成为整个小院里其他家长夸奖的对象。晚上的小院里总有孩子号哭的声音，但那两个月，在鲜花与掌声中得意扬扬的我显然并不在此列。

我记得读初中时，思想政治课本上有这样一句话：自卑与自负之间会相互转化。当时的思想政治老师还补充了一句："它们是同一种不健康心态的两种表现形式。"不过很可惜，当时的我并不能理解其中的含义，而面对周围大人们突然转变的态度，我的心态也逐渐发生了一些改变。

我不断被夸奖，被当成小院里住户们口中的"别人家的孩子"，是"好孩子"的典型样本。当时是夏天，每天晚上小院里的住户们都会把餐桌搬到各自的屋前，一边吃饭一边隔空聊天，孩子升学自然也成了吃饭时交谈的焦点。

我不知不觉地把鲜花与掌声刻印在了脑海里，丝毫没有意识到，这些夸奖只是来自一次意外的侥幸，并不来自我自身稳定的实力。

就这样，两个月后，带着满脑子不清晰的自我认知，我踏入了中学。

自负向自卑的滑落：第一次月考

近两个月的夸赞冲昏了我的头脑，让刚上初中的我以为自己真的很厉害，知识点背个七七八八就能考出好成绩，作业马马虎虎地做了就能掌握相关的知识。所以我对待学习的态度十分随意：上课时心不在焉地听，而对于作业中的错题，我看一眼参考答案就自以为弄懂了。

那时的我没有意识到：我小学插班进入的那所学校，教学质量并不好，大多数学生连完成作业都做不到，英语这门学科更是几乎被无视，老师和家长都只看重语文和数学（小升初考试只考这两门），所以平时只要坚持把作业写完就能拿到不错的成绩和排名；而我进入的这所初中则完全不同，学生的学习意愿要强上不少，英语学习也更受重视，不少学生在升入初中以前就已经学习了很多初中的知识。

在得意忘形和定位不明中，我逐渐向自负靠拢，又因为讷于表达和害羞怯懦，加之和同学平日接触的事物差异太大而无法融入集体。初入中学时，自卑与自负就这样纠结地同时体现在我的身上：没有朋友，无人交流，渴望获得认可且没由来地觉得自己比别人优秀。这种矛盾的自我认知在第一次月考前体现得最明显：班主任让每个人都定一个本次月考的目标名次，并写在教室门口的表格上，而我在自己的名字后写了个大大的"1"。

月考时，我十分得意，因为我发现考试的题目我好像都见过，平时背得也不错，这第一我拿定了！

然而，现实总与幻想背道而驰。三天后，成绩出来了，年级第一确实在我们班——一个生物、地理、思想政治、数学和英语满分，语文94分的人，但这个人不是我，而是我的前桌，我排在600多名（年级一共1064人），最惨淡的是英语，只考了49分。

将月考目标定为年级第一的不止我一个人，但我的排名是其中最靠后的。所谓福无双至，祸不单行，在月考成绩出来的第二天下午，英语老师检查英语作业时，班主任恰好走进了教室，不幸地发现了我的英语作业没有写，那是我从小学延续而来的英语学习作风。

如此一来，课前二十分钟就成了我的"反思时刻"：班主任当众对我平时糟糕的表现和好高骛远的心态逐条批驳，从成绩说到家境，用最犀利的语言把进城务工、艰难供我上学的父母刻在我心头最酸楚的地方。

我一声不吭，只想找个地缝钻进去，永远不要再出来。

班主任的本意可能是让我知耻而后勇，但我和她都没有想到，这二十分钟的批评，会给我的中学生活添上怎样灰暗的一笔。

被霸凌的体验：祈风，放学别走

漫长的批评终于过去，上课铃声响起，我感觉那二十分钟就像二十年一样漫长。班主任回到办公室，英语老师让我回到座位。

英语老师对学生很温柔，以至于被羞愧怯懦情绪填满的我，一整节课都不敢看她，只是暗下决心以后要好好学习，我再也不想这样挨骂了。

一整个下午，我都趴在座位上一声不吭，低着头躲避周围人的目光。放学后好一会儿，我才敢抬起头，而几道戏谑的目光正直勾勾地打量着我。

A："哟！这不是年级第一吗？咋放学这么长时间都不走呢？"

B："再过一会儿就上晚自习了，你不吃饭了呀？"

C："要不说人家是年级第一，我们几个只能是年级倒数呢，没看人家正学习吗？"

D："年级第一，你看我们几个为了看你连晚饭都没吃，你不意思一下合适吗？"

…………

在这几个人看来，我似乎成了班里最软最好捏的柿子，领头的张一[1]把我当成了他们的猎物，我的噩梦开始了。

面对他们的挑衅，我选择了无视和躲避，但他们并没有就此

---

1 本书提到的同学、老师均用了化名。——编者注

罢休，而是开始抢夺我的书本，用剪刀剪我的习题集。我忍无可忍，终于对他们破口大骂，但这也激怒了他们，四个人骂骂咧咧地把我揪出了座位。此时恰巧年级组长汪波老师在检查卫生，走进教室发现了异常。他们因此被打断，张一上前解释说我们是在闹着玩，就这样我们五个人都被骂了一顿。后来，其他学生开始陆陆续续进入教室。

张一嘟囔了一句："这下汪波又得向我小姑告状了，"又噙着怒火在我的耳边说："祈风，放学别走，咱们没完！"

月考成绩和老师的批评已经完全击碎了我的自信，那天以后，我的生活被恐惧和自卑笼罩。校园霸凌成了我跌入谷底的催化剂：除了常被挑衅羞辱，我的笔袋里还会时不时地少些文具、多些垃圾，课本、习题集常常莫名其妙就缺页，书包上也经常会添几个破洞或脚印。

因为那次批评，我非常惧怕班主任，又因为孤僻自闭，我没有什么朋友，所以我并没有求助。这也就导致霸凌者越来越多，我的初中生活越发看不到光亮。

校园霸凌几乎是中学校园里一个绕不开的话题，被霸凌的同学一定要记得求助！如果家长不相信或不提供帮助就找老师，不想找老师就试着向朋友或其他人求助。沉默只会招致更多欺凌。

生活一天天沿着墙角从教室后门溜走，在渴望被肯定与不断被批评之间，在逃避和躲闪之中，校园成了我最想逃离的地方。

自暴自弃的谷底：网吧少年

月考成绩通知了家长，简单粗暴的教育方式又加诸我身，无处可去的我开始寻找新的消遣方式。

升入初中之后，我就选择了住校，随着初中生活一天天过去，我发现住校生中有为数不少的一群"昼伏夜出"的生物——他们是每个班里的"软柿子"，一起逃避校园生活；他们夜里上网，白天睡觉，用沉睡应对本应清醒的时光。

渐渐地，我加入了这群人，并发现自己出奇地适应——生活似乎找到了它的出路。我发现自己少了很多需要费心劳神的地方，对于书本、笔袋、书包里多了或少了些什么，我再也不注意，挑衅的声音在沉睡中被忽略，甚至连紧巴巴的生活费都宽裕起来——因为总在睡觉，我只需要中午买些吃的就行了，深夜耳边响起的键盘敲击声简直是天籁。

受到打击、委屈和挫折时，我们往往选择最简单、最不费力的方法进行自我保护、自我催眠，但这往往也是最烂的方法、最差的选择。毫无疑问，我当时的选择就是如此。

在这样的生活中，我的成绩、状态自然都呈直线下滑，第二次月考、期中考试、第三次月考，我的成绩一次比一次差。但此时的我早已成了那个掩耳盗铃的人——成绩嘛，不去在意不就行了？虽然很不服，很难受，但那时的我似乎更怕疼。这样的状态持续了三个多月，直到一场大雪降临。

那天下了很大的雪，从早下到晚。到傍晚六点多时，似乎是恶劣的天气对学校的电路造成了破坏，学校断电了，可天已经彻底黑了下去。一直等到七点多，已经提前把晚上要讲的数学应用题抄到黑板上的班主任才收到通知：今天不上晚自习了。各班的欢呼声几乎溢出了教学楼。

跟随人流回到宿舍，我想，找一家离学校不是很近的网吧，夜生活就可以开始了！这机会简直千载难逢！

然而，学校老师显然比学生更有经验：那天晚上老师们在周围的几家网吧巡逻了好几次，就在我以为自己是"漏网之鱼"而得意扬扬时，一张熟悉的脸进入了我的视野——我的语文老师正和网吧前台有说有笑。

语文老师扫了我一眼，什么也没有说。

但我很清楚，对我的"审判"又要来了。

意料之外的谈话：你只是练得少

第二天，我怀着满心的忐忑走向教室，果不其然，班主任正在门口批评几个被罚站的人。毫无疑问，这些都是昨天晚上去过网吧的同学，他们身上背着的书包告诉我，他们可能连教室都没能进去，班主任可能来得比任何同学都早。那一刻我冷汗直冒，教室的正门仿佛变成了刑场大门，正等着我自投罗网。

可接下来的事情出乎了我的意料，我安然无恙地走进了教室，班主任甚至还给我让了路。

"语文老师没说？还是没来得及说？不应该啊，刚刚路过她带的班，她也在训学生啊！这怎么可能？！"

不知过了多久，语文科代表来找我："祈风，语文老师让你去她办公室。"

"果然！不是不报，时候未到。"

带着几分决然，我走向了办公室，一路上满脑子都是怎么认错、道歉。可事情并没有按我想象的那样发展。

走进办公室，语文老师像什么事都没有发生一样，拿出之前收上去检查的日记摘抄本。语文老师的要求是每两天写一篇日记、做一篇摘抄，当作作文练习和素材积累，她会定期检查。她拿出我的那本，说：

"祈风，你的日记和摘抄我看了，超前写了一个多星期的量，写得很积极。这篇《大胆论天》挺有想法。

"不过每次看你写的字我都很头疼，虽然字算不上特别丑，但你总是把这么多字挤在一块儿，让人看不懂你写了什么。

"得好好练字了，你可以做得更好。"

我低着头，"嗯嗯嗯"地应着。十几秒后，语文老师颇有深意地加了一句："你只是练得少，做得少。"

须菩提祖师在孙悟空犯错后敲了三次他的猴头，语文老师分明抓到了我上网却只说摘抄、日记的事。"你只是练得少，做得少。"这句话似乎另有所指？我事先想好的说辞随着这句话烟消云散。这次平常得不能再平常的作业评改，却成了一把剑，刺得我生疼。这种疼使我清醒，升入初中之后的一幕幕开始在我的脑海里浮现。

刚升入初中时我信心满满，一次次放出豪言，定下难以实现的目标，以为自己付出了努力，却不知道不同的人对努力的定义是不同的。我把本应完成的学习任务当作了额外的努力，以致一次次大失所望。考试失利后我设法弥补，那时候还没有什么学习方法的概念，再加上自小就听到的对"题海战术"的议论，我的努力局限在对课本知识的记忆、默写上。浑浑噩噩的努力带来不尽人意的成绩，落差之下，我蜷缩在自我的角落；受到排挤与孤立之后，我开始寻求对自己的肯定，主动负责教室的开门和锁门，每周的摘抄、日记都超前写完……

我一直在追求进步，希望能改变现状，但却没能取得什么成绩和成果。难道我要自暴自弃吗？不该如此，我不该如此。回教室的路上，一股无名之气在我的胸中激荡，两分钟的时间却像是过了一年那么久。

《孙子兵法》中有个词叫"赏罚孰明"，意思是做得好就奖励，做得不好就惩罚，这似乎成了共识。但这针对的是经过训练、以获胜为目的的士兵。高峰时警戒，低谷时宽慰鼓励，很多时候这样做会有更好、更长久的效果。但弄清出现异常的原因再加以引导，似乎才是教育的原本模样。

那天，我没有再趴在桌上呼呼大睡，十分难得地开始听课。第一节课是语文课，语文老师有个规矩：每天的第一堂语文课，课前安排一个人演讲，内容可以是美文也可以是自己写的文章，可以念稿也可以脱稿，演讲之后由其他同学和老师点评打分，满分为 10 分。基本上每个人每隔一段时间就要上台演讲一次。

大部分同学都不把演讲当回事，没有准备要读的文章或者通篇都读得磕磕巴巴的，在这种情况下一般只会拿到 9.7 分。第一次演讲时我也以含糊的口齿拿到了这样的分数。按以往经验来看，一向讷于言谈的我显然不会在演讲上有什么建树，不过这一次我却突发奇想，瞄上了课前演讲。

算算时间，我下一次演讲应该是下学期开学一个多月之后，离现在还有三个多月，这也就意味着我还有时间练习。

否极泰来：10.1 分的课前演讲

那次谈话之后，我的学习态度有了很大的改观，我上课认真听讲、下课按时完成作业，与此同时，每天练字、背诵美文成了我给自己额外布置的任务。

另外，我既然决定把下次课前演讲作为对自己的一次检验，就该有所行动。或许我最该庆幸的是每一次低谷过后，自己都能把羞愧、不甘等负面情绪转化为执行力，投入下一阶段的生活。我决定把老师提到的那篇《大胆论天》作为自己下一次演讲的文章，并且要做到脱稿，做一次真正有感情、有节奏的演讲。

时间一天天过去，初中第一个学期逐渐进入尾声——寒假来了。期末考试的成绩和预期一样仍是倒数，毕竟不能指望靠临时抱佛脚实现成绩的飞跃。带着这样的成绩回家，也自然不能指望寒假生活有片刻的安宁。

虽然困难，但我还是争取每天抽出一段时间来练习朗读、静下心学习，梳理一些错过的知识点。

寒假过去，冬去春来，演讲的日子也悄然而至。那是周二下午的第一节课，语文老师和英语老师商量，把当天的语文课换到了下午第一节。老师让当天演讲的同学上台之前，我还和班里其他同学一样满脸困意，这样的变动也确实让我有些措手不及。

我惴惴不安地走向讲台，感觉喉咙发紧，好像脸上有一双铁手在胡乱揉捏摆弄，我没法控制自己的表情。终于，干涩得有些变形的声音从我的嗓子里被扯了出来：

"老师、同学们大家好，今天我的课前演讲题目是《大胆论天》，选自我的一篇日记。"

刚开始演讲时，我还是有些磕巴，语句不连贯。但三个月的练习终究没有白费，文章里的内容随着文字的吐露涌上我的心头，渐渐地，我开始带上情感、掌控住了节奏。那篇文章里写了不少我的不理解——对周围浪费行为的不理解，对十元钱一个的圣诞苹果的不理解，等等。讲至动情处，我大声疾呼，手势飞舞，甚至不少文章中没有写、我没有练习过的内容也被我带入即兴的演讲之中。

短短的四分钟一闪而过，当我说出"我的演讲到此结束，谢谢大家"的时候，畅快感奔腾而来，我感到心中充满了力量。

点评时，老师说："这是迄今为止几个班的课前演讲里唯一一次真正的演讲，不同于其他人的随便应付，它是经过精心准备的。"有同学提议给我满分10分，之前的演讲最高也就9.9分，可语文老师似乎觉得不够，大笔一挥给出了10.1分。初中三年，语文老师带的几个班里，10.1分的课前演讲只出现过两次，都是我做的。

从那以后，我开始爱上表达、爱上朗读，逐渐不再怯懦自闭。一日之计在于晨，之后的每个早晨都被我畅快的读书声填满了。从声音、文字中，我感受到了美。

自信的建立是踏实做事、坚定进步的基础，其影响往往是全方位的。当你身处低谷，成绩、生活一团糟时，找一件小事情认真打磨，即使是在别人毫不在意的事情上取得的成就，也可以帮助你以点破面，找到新的曙光。

世界逐渐变得不一样，我感到胸中燃起了一团火。

打开心扉：转变的开始

台上一分钟，台下十年功。这次演讲的成功并不是一日之功，自闭、讷于言语让我对周遭的事物有更强的共情，所以在最颓废的那段时间里我虽然荒废了学业，但仍保持了写作的习惯，因为觉得有太多东西可写，太多想法可以记录。老师的点拨加之自己的摸索，才有了这次算得上厚积薄发的改变。

穷则思变，变则通，通则久。身处困境时最需要想明白的是自己想变成什么样，想明白之后，在改变的过程中，求助也总是必不可少的，寻求最信任的人尤其是长辈的建议就极为有益。但这并不意味着长辈的建议就能起到良好的作用，中学生正处于叛逆期，不恰当的教育方式只会适得其反。

中学阶段学生厌学、成绩差的原因可能有很多：或讨厌、害怕某一位老师，或因为在学校的不愉快经历而讨厌学校，甚至可能是因为叛逆而故意做给家长看。

反思我初中的第一段低谷时光，自己原本的学习基础就比较差，班主任的一次批评更让我畏惧上学，而之后的校园霸凌更是让我对学校产生了厌恶，加之内向的性格，种种原因让我走入了颓废自弃的恶性循环。

而与之对应，这些原因的反面可能就是我"浪子回头"的原因和契机，比如考试成绩名列前茅带来的成就感可能让人想要更积极地学习，良好的同学关系可能让人更享受校园生活。这时候如果再有适当的鞭策、鼓励、引导，差生便不难进入正向循环的生活。因此，寻找一个正向的激励很重要。

那次演讲带给我的影响是全方位的：我开始不厌学、不讨厌学校，开始端正学习态度，开始喜欢表达、喜欢交流，整个人的面貌焕然一新。

在那之后，我给自己定了一个目标：高中我要上一中。一中每年的一本率大概在50%，在大部分年份都有学生能考上清华北大。我所在的初中每年基本有400人能够被一中录取，这意味着我的成绩至少需要稳定在"中上"水平。

有了计划就要开始施行。谈不上什么规划和学习方法，初中阶段的成绩提升基本就靠照猫画虎、按部就班。在此期间，因为我是每天给班里教室开门、锁门的人，这也就意味着我每天第一个到，最后一个走。

跟上老师教学进度的同时，对语文老师的感激和演讲朗读带来的快感成了我学习的催化剂，上语文课、做语文题目、练字、摘抄日记总会被我格外重视。与此同时，我养成了大声朗读的习惯——不管是课文还是定理，我都会大声朗读。

朗读是一种很好的调动思维、理清思路的方式，大声朗读一段文字时，很难不带感情、不加思考地快速掠过这段文字。很多人喜欢默读、小声读，因为这样更省力、读得更快，但我认为前者的效果是后者难以比拟的。

波澜不惊的一年半：依旧是中等生

从初一下学期开始到初二上学期结束，一年的时间里，虽有不少起伏，但我的成绩总体呈缓慢进步的趋势，从倒数逐渐攀爬至中游，不过离稳定在"中上"水平还有一段距离。另外，由于班主任讲解问题总是一针见血，要求也很严格，所以我们班的整体成绩一直在年级十四个班中排第一，这也让我这个中等生在班里始终排名靠后。

这样的成绩让我十分苦恼。

数学上，初二下学期之前，我们没有接触过函数，最难的题目就是三线八角之类的几何证明题，所以全班数学平均分达到惊人的95分（满分100分），而我却总因为粗心大意在80分到90分之间徘徊。

语文上，虽然我一直在练字，但字一直写得很丑，加之文笔本就一般，所以每次作文的分数都低于平均分。因为一直在背古文、诗词，所以我做原文填空、翻译之类的题目还行，可一到诗词赏析、现代文阅读理解，我就和大多数学生一样不得要领了。

至于英语，上初中之前，无论是学校还是学生，对英语都很不重视，甚至小升初考试时都没有英语这个科目。到了初中，老师便从英文字母教起，初一上学期只教了最基本的字母、单词。

按照我的预想，重新拾起这部分知识应该很简单——单词我一直背得很积极，听写也错得很少。但我一直没有重视阅读理解，所以英语成绩一直起伏不定。

至于思想政治、历史、地理、生物等科目，在我看来基本就是在记忆力上做文章，于是上课时我很认真地按照老师的要求勾画重点，记录可能要考的题目并按要求背诵。

与大多数同学一样，我当时接触到的学习方法很单一，做的习题也很少，所以我的努力方式也十分简单——背、抄。除了完成每天的作业，就是背诵、抄写。在这段时间里，我的语数外成绩平平且总是不稳定，其他科目也没什么突出的。这样的生活枯燥、无聊，加之没有什么明显的学习效果，让人有些麻木。

稳稳趴在中游的成绩给这一年多的努力蒙上了一层死气，我感觉自己需要一针强心剂。一种隐隐的不甘顶在喉咙：若论学习时间、刻苦程度，成绩和我差不多的同学没有一个能比得上我，可这样的成绩实在让我感觉百爪挠心。

我还没来得及做出太多改变，初三来了。

学习自信的重建：化学满分

"不苦不累，初三无味；不拼不搏，等于白活。初三吃苦，只苦一年，苦尽甘来；初三不苦，苦一辈子，苦不堪言。"

在这样的口号中，我们迈步走进了初三。那年8月1日，我们挪进了贴满横幅和标语的顶层教室，住校生搬进了封闭管理的顶层宿舍，任课老师也都换成了专带初三的"全明星"阵容，每天下午有一个小时专门用于体育训练，晚自习从原本的两节加到了三节，而开头的那段口号也取代每堂课课前的"老师好"，喊进了我们的生活里。

除此之外，初三时我们还需要再多学一门课程——化学。或许是初中阶段的化学内容确实太少，或许是初三之后同学们确实更加努力，又或许是学校为了提升我们的学习信心故意降低了试卷难度，在初三第一次月考中，六十四个人的班级里竟有二十二个人化学满分，我也名列其中。我从这二十二个化学满分中读出了其他意味——"中上"。

全年级化学满分的有近二百人，化学单科就算以二百名记，较之我排在五百名左右的总成绩也算得上优势学科，加之学校每年对中考排名靠前的学生都会公示具体成绩——满分 70 分的化学，能考上一中的学生之间也会有 10 分左右的差距。第一次考满分无疑证明我的化学学习是卓有成效的，如果能保持化学学科的优势，则对我成绩的提升意义重大。

"中上""一中"，这两个词语在脑海里来回跳动，让语文和化学两个科目于我而言显得格外诱人，学习时也更有动力。另外，第一次月考单科第一的奖励是一本化学辅导资料。除了课本内容和导学习题集之外，原本我并没有刷题的习惯，但这一次，我对化学题的兴趣显然被勾起。除了学习课堂内容，我开始做起了课外题。

初中阶段的题目并没有什么综合性，尤其是化学，所学知识少且零散、不成体系，所以考试更多考的是学生对知识点、题型的记忆，不同的题目可能只是用不同的方式考查同一个化学反应式或化学成分的用途。所以，这个阶段的化学学习重点在于记忆，刷题就是一种很有效的记忆方法。

除了刷题、背诵之外，把知识点和你学习它的场景或是一些有意思的东西联系起来会有很好的效果。比如碳酸氢铵受热分解所产生的氨气、水、二氧化碳又能反应生成碳酸氢铵，当时的化学老师说这是"摔我跟头圆罩圆"；还有一次听到同学喊出："啊，高锰酸钾，制备氧气的方法！"这虽然无关知识，但你一想起这些有意思的场景，这些知识就出现在脑海里了，十分有用。

开学时的用心让我在第一次化学考试中拿到满分，由此带来的信心又激发出更大的兴趣和探索欲。它们相互促进，因此我的化学单科成绩一直名列前茅，整体排名也有了一定提升。潜移默化之下，我找到了中学知识学习上的自信。

初三上学期的生活简单平稳，语文和化学是我学得最用心的两科。其中语文花费了我不少工夫，不过成绩始终在中游徘徊；化学则收效颇佳，带动总体成绩有一定的进步。当时每科的总分是这样的：语数外每科120分、物理80分、化学70分、历史和思想政治每科75分、体育50分。虽然化学成绩带来的总体进步并不大，但它却带给我一个启示："我的努力会有反馈。"

初三上学期很快结束，这个学期我的学习状态相比周围同学确实称得上努力，成绩也一直在四百名左右徘徊，甚至进过一次前二百名，单科成绩除了化学都在中游。不过想要考进一中，以这样的成绩，把握大概只有五成。初中还剩最后一个学期，我知道自己必须好好把握。

初三复习阶段：稳步提升的成绩

到了初三下学期，新知识的学习结束，进入复习阶段。寒假一结束，就要进入一轮复习了，而开学后没多久就是"百日誓师"大会。

开学前一天，我的心中五味杂陈。

"一轮复习之后就是两极分化最明显的时候""一模（即第一次中考模拟考试）就是对你初中阶段所学全部知识的考查""一模是你们最后一次机会""一轮复习之后你们的成绩会有很大的变化"……这些老师反复强调的话在我脑海里嗡嗡作响，在我胸中翻江倒海。

"我要抓住一轮复习的机会，我不想被别人远远甩在后面，我的努力值得更好的成绩，我要上一中！我要上一中！"

或许是想让过去批评我的老师对我刮目相看，或许是不想让亲人失望，又或许是想告诉语文老师她没有看错人。总之，我想用中考成绩向别人证明自己，而这让我觉得仿佛中考就在明天。

"向别人、向世界证明自己"，这是中小学生很容易有的心理。基于这样的心理，我们时常会付出远超其他人也远超自己预期的努力，但是这种努力通常不可持续，因为它往往和失败后的颓废程度、成功后的得意程度紧密相关。这种心理可以适当利用，但如果没有合适的引导，它很可能会使人走向下一个低谷；而如果引导错误，后果对于一个少年来说则可能是毁灭性的。

"上一中！上一中！"初三下学期一开始，我的脑海里就只剩这一个念头。就这样，一轮复习阶段我像是打了鸡血一般。更巧的是，当时一轮复习除了数学之外，各科的核心方法几乎都只有一个——背。历史、思想政治自不必说，英语背单词、例句、作文，语文背诗词、好句、格式，化学背细碎知识点，物理背公式、定理、大题答题模板。

除此之外，因为男生中考体育项目是 1000 米跑、1 分钟跳绳、立定跳远，所以每天晚上绕操场跑 10 圈、早上跳绳 20 分钟、和室友夜聊时做俯卧撑及仰卧起坐也成了我每天的加练项目，取得的效果也相当不错。

初中阶段所学的知识其实很少，少到几乎可以用穷举法猜到考题，初二、初三才分别开课的物理、化学更是如此。我所在的学校能够有很高的中考升学率，很大程度上归功于老师对于知识点的准确把握和对知识点背诵的严格监督，而我在前两年的语文学习以及初三的化学学习中养成的背诵记忆习惯此时开始显现作用。

初中阶段刷题不是主流，老师更偏爱的是听写、背诵、默写，渐渐地，我成了语文、物理、化学知识点听写正确率最高的几个人之一。而一直以来不温不火的语文成绩也终于得到了较大提升——背诵、写作和议论的习惯使一模时我的语文成绩达到了 109 分—— 一个以往我从未想过的分数。

老师口中的排名洗牌似乎开始了，幸运的是，我的结果不错。

一模：第一次做"优等生"

初战告捷，初三下学期对于我来说似乎是丰收的季节，语文成绩的崛起只是一个开头。

好的开始是成功的一半，语文成绩的突飞猛进把我高涨的情绪带到了其他科目上。中考的所有科目都更注重背诵，所以那段时间我就像一个大号的音箱，开足了音量在座位上播放，不知疲惫。

我全身心投入中考的筹备之中，时间过得很快，每周日晚上分析总结的班会已经过去了十次。第十一次班会上，班主任通知了一个重要消息："一模要来了，时间定在周二，这次排名将体育成绩第一次计入总分，而且是和全市的学生一起排名。"

在家里，大人们总在唠叨上大学有多么厉害，上过高中的哥哥姐姐们又总在说高中成绩决定了你高考能上哪所大学；在学校，几乎所有的老师都在不停强调一模成绩几乎就是你的中考成绩。终于，憧憬、紧张、忐忑撞进我的心房，似乎有一个声音在耳边响起："抉择人生的时刻要到了。"

一天的时间很快过去，周一晚上需要搬空教室里的书，将教室清理出来作为考场。或许是老师平时对一模的强调太多，或许是"百日誓师"刚过去不久，又或许是每十天一变的口号催得人太过紧张，那天最后一节晚自习后，迟迟没有人动手搬书打扫，大家都待在座位上想多看两眼书。不知是谁起的头，晚上九点多的教室里竟充满了背书声。

班主任的声音打断了大家："行了行了，平时不学，临时抱佛脚有什么用呢？该是什么样就是什么样，别背了，搬书！"

可无论同学们如何拖延，时间总是向前走着，不徐不疾。到了一模，我的心里只有两种情绪：紧张、亢奋。

当时的具体心思已很难想起，只记得跑过 1000 米终点线后，我的双腿像倒地的纯钢狼牙棒一样，死死地钉在操场休息区的草地上，再也没有一丝力气。那天跑完，一只蜜蜂不知为何突然冲到我的面前，在我的脖子上蜇了一下，当我终于平稳呼吸去驱赶它时，却只发现它留在我脖子上的尾针。

加上体育，一模一共考了三天。一模之后，学校破天荒地通知要给我们放两天假。正常情况下我们应该是两周休一天，所以那个周五几乎没人有心思学习，教室里一片沸腾，可我当时心心念念的只有一模成绩。从天而降的两天假期在这样的牵肠挂肚之下显得十分无趣，昏昏沉沉中，终于，周日下午到了。

下午三点，我钻进了教室，把书本整理好，就趴在座位上生生挨到了晚自习。班里同学终于到齐，班主任也开始了动作。不同于以往直接把全班、全年级的成绩投影出来，这次班主任是按照成绩从后往前一个一个将学生叫到办公室的，没被叫到的人就待在教室自习。每走出一个人，教室里就激起一阵窃窃私语。

眼看着平时成绩和我差不多的同学一个接着一个地被叫去办公室，班主任却始终没有叫我的意思，一分窃喜逐渐从心底涌出，直到班里还剩十个人没有被叫到时，窃喜逐渐转化成不可思议和狂喜。终于，老师把班级前十名一起叫到了讲台上，打开投影……

转过头，我在表格的前面几个位置找到了自己的名字：

祈风，年级第四十四，班级第三！

最后的初三：一模之后

那天，班主任让我们上台之后说了什么我已经记不清了，只记得那次考试之后，班级前十、单科第一、进步二百名以上的同学都要交一张五寸的照片，因为学校要求每个班都做三张光荣榜。而这三张光荣榜里都有我的照片，因为化学、历史都考了满分，所以我要交四张照片。

这样的成绩，如果一中的保送制度没有被取消，我是完全可以参加一中的保送入学考试的，还有可能跳过中考直接进入一中的重点班！

第二天，学校组织成绩好的同学拍照，为中考荣誉榜做准备。学校旁边的饭馆里，处处都能听到学生议论排名的声音。第三天，除了每个班张贴的照片之外，校门口、自行车棚、篮球场、食堂、宿舍楼全贴满了荣誉榜，走到哪里我都能一眼看到自己的照片。第四天，每个班都贴出了一张"挑战榜"，每个人要在上面写一个自己想要超过的人，很多人的挑战对象都是我，而我写下了"李萌"——一直以来的年级第一，不同的是，这一次无人嘲笑我。

因为是全市统考，学校那段时间给成绩好的同学置办了不少奖品，我领到的书本、钢笔已经到了座位上放不下的地步。除此之外，学校还举办了一个"挑战仪式"，毕业班每个班选择一个其他班级进行中考挑战，评判的标准是中考平均成绩、考上一中的人数。班里成绩最好的几个同学在班主任的带领下把挑战书和打在横幅上的挑战宣言送进另外一个班的教室。

对于我来说，一模后的那一周简直如梦一般，我如坐云端，踌躇满志。对比了自己和李萌每个科目的分数差异后，我最终得出结论：自己只是在历史、思想政治上差李萌比较多，物理、化学、语文这些科目的差距不大，数学只是发挥不稳定而已，只要到中考时认真起来，粗心导致大量丢分的情况一定不会出现！

一时间，我极度自信，仿佛自己已经考了年级第一：只要中考时认真起来，不粗心，那么中考状元就是我！

粗心是一个很容易找的借口，很多同学看到成绩以后做的第一件事就是把因粗心失掉的分数加回来，然后找到一个更靠前的排名来安慰自己。但实际上，这些人在正式考试时很难真正做到不粗心，发挥失常的可能性也会更大。粗心的原因可能是审题、答题习惯不好，可能是心态问题，也可能是对知识点不够熟悉，无论哪种情况，都不可能突然得到改正。

那之后，每次和朋友聊天，我总会拐弯抹角地提起成绩、排名，仿佛实现了多年的心愿一般。乘一尾小舟冲向每一个声势浩大而引人注目的浪头或漩涡之中，若风平浪静，我便用船桨拍起一些水花，收获别人的惊叹和夸赞是我唯一的目的。正常的学习之外，我还开始有了一些"标新立异"的举动，比如开始留引人注目的斜刘海。

当然，我依然是以极大的热情对待日常的学习。一模之后，生活稍显平淡，除了不断变换的中考口号之外，再没有各种各样的仪式。

在背诵、听写、测验、讲评之中，时间悄悄溜走。中考之前又进行了大大小小的各种考试：二模、三模、月考、周测。但再没有哪场考试能让我同样引人注目，我的成绩在一百名左右起伏不定，再没有进过前五十名。

"无所谓，谁在意呢？一模才是显示水平的时候。"

中考如愿

时间来到五月末，五月份的第一个假期吹起了中考的号角：体育中考来了！在一早上不安排上课，休整半天之后，学校统一带领我们坐大巴前往体育考场。我过于亢奋，以至于忽略了一个问题——晕车。大巴的颠簸让我的胃里上演了一出哪吒闹海，我一到考场就几乎瘫在地上动弹不得。

好在我及时恢复了状态，考试结果良好：立定跳远 2.45 米，14 分；1 分钟跳绳 181 下，15 分；1000 米跑 3 分 06 秒，20 分，后来我再没有跑过这么快。满分 50 分的体育中考，我拿到了 49 分。

体育中考给我带来了胜利者般的自豪感，之后的时间过得太快，文化课中考就宛如骑兵冲锋般杀到了我的面前。

和许多中学生一样，6 月 22 日下午中考结束之后，我也陷入了报复性的放松和娱乐当中。7 月 3 日下午，一个同学摇醒了正在睡觉的我，带着慌乱朝我说道："祈风，中考成绩出来了！"

语文 109/120，数学 103/120，英语 116/120，物理 79/80，化学 66/70，思想政治 66.5/75，历史 66/75，体育 49/50，总分 654.5/710。打开学校的官网，一张喜报上我的照片赫然在列：第四十八名！

我再一次进入全校前五十名，巨大的幸福感与喜悦感包裹全身。一个声音在心头炸响："一中，稳了！"

三年的初中生活，我撞上了三个转折点：第一次月考、10.1 分的课前演讲、一模。其间我从自负到自卑，从自卑到自信。回忆当时的状态和成绩，用"自信度"标定心态，用年级总人数 1064 人减去最近一次考试的排名来标定成绩水平，整个人初中时的状态就更加明晰了。而心态与成绩及其他各方面的表现高度相关。

取得成绩时缺乏正确的引导和反思，落入低谷时又缺少鼓励与方法，初入中学时自负、自卑两种心态急速转化，在这两种心态之下，我的学习成绩只有一个表现——飞速下滑。

我认为自信应是这样一种状态：我现在有很多不足，但我在改变，而且我相信自己能改变。但初中阶段我的心性确实稚嫩，成绩高于预期便转向自负，低于预期便受到打击。仔细想想，初中阶段要实现稳步积累、进步的基础在于心态平稳且不断努力。

基于这两年的努力，我这个成绩一直处于"中下游"的学生才能在初三突飞猛进，考上一中。不过，遗憾的是，我在这个阶段并没有养成什么好的学习习惯，总结出像样的学习方法。

初中复习阶段成绩的突然提高让我真的以为自己是"天选之子"，全然不记得自己曾是每天负责开关教室门的学生。初中生普遍缺乏坚持的能力，懵懂之中，我对自己究竟为什么取得进步、具体有哪些学习方法和技巧一无所知。

与此同时，对自己努力的忽略、因成绩而产生的沾沾自喜甚至自我膨胀、过眼斜刘海彰显的"特立独行"等都让我忘乎所以。得意之下，不到两个月的初三暑假呼啸而过，很快我就能切身感受到什么叫"福兮，祸之所伏"。

因为，高中要来了。

高一篇

天欲其亡，必令其狂。

自我介绍：最引人注目的亮相

8月14日，上午办完报到手续之后，我了解到一个消息：今年一中扩招，班级总数增加到二十八个，重点班的数量也从往年的两个涨到了六个。前六个班是重点班，一班到六班按成绩从高到低编号，其中一班、二班被叫作"火箭班"。后二十二个班则是普通班，成绩没有什么差异。而我分到的班级，是六班。

这时我才得知自己不单考上了一中，而且进入了重点班。虽然进入的是六个重点班里成绩垫底的班级，但也拦不住我的心情又被带上了喜悦的高潮。

下午，雷雨交加，我的心情也如同天气一般躁动不安。

在喧闹的教室里晃荡了好几圈，挨个儿问了途中遇到的同学的名字之后，我才找了最后排靠近后门的、方便进出的位置坐下。又过了一会儿班主任才走进教室，示意大家安静，随后介绍了自己。班主任是语文老师，任教不久，是六个重点班里最年轻的，这也是他第一次带重点班。

班主任姓陈，从开学第一天起，我就学着其他老师的口吻带头在私下叫起了"小陈"。

班主任自我介绍完之后，要求大家主动到讲台上进行自我介绍，没有固定的顺序。我没有在第一时间上去吸引大家的眼球，而是躲在后排观察同学自我介绍的规律，想着如何能够标新立异。二十多个人自我介绍完之后，我逐渐琢磨出了规律。

显然大家的自我介绍都是经过准备的，不少同学还拿着讲稿上的讲台——姓名、家乡、初中就读学校这类基础的信息介绍完毕之后一般是对自己经历的交代，大多是初中的经历；再之后就是表达对一中的向往、希望高中生活怎样度过、大家一同成长之类的。

知己知彼，百战不殆。了解了大家自我介绍的逻辑和风格之后，我明白自己该如何"一鸣惊人"了。恰好自我介绍完毕的人数刚刚过半，是时候给同学们带来一波高潮了！吹了吹斜刘海，从同桌的作业本上撕下一张纸，写上"自我介绍"四个大字之后，我走向了讲台：

"大家好，我是祈风，很高兴今天能加入六班认识大家。显然，我站上讲台是要介绍自己，不过正式介绍自己之前，我想先问一个问题：我们上台是做什么的？"

说着，我展开手中写着"自我介绍"四个字的纸，拿起讲台上的红色记号笔在"自我"两个字上圈了好几圈。

"我们是来自我介绍的！重点是自我，而不是介绍。前面的同学除了基本信息外几乎都只讲了两件事——自己初中如何，希望自己未来如何。我认为这样的介绍是介绍过去和未来，唯独没有介绍现在的自己。我认为，自我介绍应该针对现在的自己。

"那么，下面我将开始我的自我介绍。我是祈风，来自明阳中学，喜欢演讲，喜欢运动，还喜欢狼。网上说狼是一种善于奔跑，会对猎物穷追不舍，坚持而隐忍的动物，我喜欢这样的个性，同时我也喜欢把狼字拆开来看——‘狠一点’，这意味着自律、目标明确。

"……以上就是我的自我介绍，希望以后能和大家相处愉快，谢谢！"

如我所愿，我的自我介绍引起了持续的轰动，这样的自我介绍也成功让全班记住了我。似乎也是从那时起，小陈便注意到了这个未来让他最头疼的学生。

不出意料：成绩一落千丈

正式上课两个多月之后，期中考试来了。

这次期中考试也将给玩闹游荡的我迎头痛击。是的，在这两个月的时间里，我几乎没干什么正事，上课走神睡觉，下课玩得昏天黑地。

到了期中考试时我发现，试卷上的问题、知识与我互不相识，除了语文、英语我可以勉勉强强填上空白之外，其他科目我只能凭借已经忘得差不多的初中知识作答。

不久之后，期中考试的排名就公布了，不过只能在班主任的电脑上查看。相较于直接大屏幕投影公布，小陈更喜欢在出成绩后按排名从后往前挨个儿找我们谈话。很快我就知道了自己的排名：年级第六百零四，班级倒数第四。要知道，重点班同学的入学成绩基本在年级前三百名。

小陈先是批评了我，由于一贯比较儒雅，因此他的批评更多是在讲一些老生常谈的道理，并没有说什么难听的话，自然也没有引起我的兴趣。他说了什么我一直没注意，只记得他被我气得脸色发白。

"不就是六百多名吗？一中一本率差不多有 50% 呢，这段时间我什么都没学还算是一本水平，我只要学就没问题。"我的脑海里一直回荡着这样的声音。看着小陈气得崩坏的脸色，我有点儿想笑。

晚自习前，小陈跟所有同学都聊完成绩后，到教室里把全班同学的期中考试排名投影到大屏幕上，这时我才发现：家辉年级第二，班级第一；瑞瑞年级第二十七，班级第三！

如果说我这次的退步是意料之中，那家辉和瑞瑞优异的成绩就完全是意料之外了。他们两个都是非常细心认真的男生，内向且羞涩，心态不平衡之下，我在心里给他们扣上了"书呆子"的帽子。

"都是书呆子，除了做题啥也不会！"

"书呆子""读书无用"等往往是爱捣乱的学生们最爱提及的词语。成绩上得不到肯定，在叛逆的心态下，自我认可的需求让他们贬低努力学习的同学，疯狂批判应试教育，想办法吸引注意力、抬高自己。而其中绝大部分人认识到这样做很幼稚时，都悔之晚矣。

在这样自我蒙蔽的心态下，成绩差反而让我心安理得地和班里一群同样成绩下滑却不努力的人混在一起，并彻底融入他们之中。

意外的离校逃课：冲向医院

班里的差生总是喜欢做些挑战任课老师和班主任权威的事情来显示自己的与众不同、勇气和能力，那时的我自然也不例外。

期中考试之后一段时间，元旦将近，学校组织了新生诗歌朗诵比赛。而班主任似乎特别喜欢把这些事情交给班里最闹腾的学生，在我们班，这件事情就这样交到了我的手上。学校规定午休时间，学生只能在宿舍或教室待着，操场、超市等地方如果没有班主任的批准是不能瞎逛的，而诗歌朗诵比赛的排练就成了我的通行证。

之后的每天中午，我们一帮人都会打着排练的旗号打球。一天，我们打球时，有位胖乎乎的同学的右脚卡进了砖缝里，因身体倾斜，他全身的重量都压在了右侧脚踝上。清脆的骨折声响起，"小胖子"的脚踝瞬间肿起了一个大包。

此时正值午休，校医室关门，我的脑海里只有一个念头："得把他送去医院。"揣着"这是我的责任"的负罪感，来不及请假，我背起他就冲向学校围栏的豁口，拦下一辆出租车就奔向了最近的医院。

挂号、租用轮椅、问诊、办理住院手续，好在他家境殷实，零用钱较多，这个过程我不需要打电话向大人求助。一切安排妥当之后已经是傍晚了，天边一片绯红，这时我反应过来：我这样不去上课的行径，通报批评叫家长再加上一顿臭骂肯定是跑不了了。

回学校时我发现校园围栏的豁口处站着两个人，一个是保安，一个是小陈。本以为迎接我的会是狂风骤雨、雷霆闪电，结果小陈只是淡淡地说了一句："走，回去吧。"然后转头对保安说："麻烦师傅了，学生是在门口没见着人一时情急冲出去的，已经跟我请过假了。"

回到班里，晚自习在教室待着的我并没有被叫去办公室谈话，而班里同学似乎也都知道了我下午逃课出去做了些什么，纷纷问我"小胖子"的情况。大家几乎都在问："祈风，小胖子怎么样？小陈没找你事儿吧？"

从他们的语气里、眼神中，我感受到的是尊重和认可。一次没有通知任何老师的逃课，在老师的掩护下成了请过假的一时情急，带头捣乱玩闹造成的同学受伤也因为我下午的作为在同学的眼中、口中成了带有几分英雄主义色彩的故事。这样的感觉是前所未有的，这样的"认可"也让我感到无比的舒畅。

一退再退：年级倒数

"政入万山围子里，一山放出一山拦。"按照常规剧本，这次之后我应该积极改变自身形象，向着好学生的方向前进，开始逆袭了。然而现实并非如此，叛逆的我又走上了一条弯路。

我能记得的是，那天之后我开始每天锻炼——俯卧撑、仰卧起坐、引体向上、蛙跳。我的逻辑是这样的：那天老师和同学们的反应是因为我负责任、讲义气，而眼前就有一件很能彰显我这两种特质的事——解决身边的"校园霸凌"问题，"仗义行侠"。

为了做到这点，我需要做到两件事：一是锻炼，强身健体；二是更加张扬。

此时的我是非不明，曲直不辨，利弊不分。于是，我的生活进入了一个新的状态：上午睡觉，下午去操场、超市游荡，晚自习参加合唱团，回到宿舍则找附近宿舍的同学搞吐橘子核大赛、泡面派对、俯卧撑比赛……

这样幼稚又放肆的日子好像总也过不完，被批评的情况不胜枚举，张扬的名声也逐渐传开，成绩也是一退再退，基本锁定在年级后十名。

我渐渐发现，大家看我的眼光发生了变化：对于同学，那次逃课送医之后的认可渐渐没了，随之而来的是戏谑与嘲笑；对于老师，那次的欣赏悄悄褪去，恨铁不成钢的失望溢满脸庞；就连"小胖子"，有正事也基本不找我。

一天中午，当我在教学楼里和几个同学一起晃荡的时候，听到教室里几个自习的女同学聊到我，一句话刺入我的耳朵："祈风啊，校医室是祈风的家，超市是他的第二个家……"

大家对我态度的变化加上这些评论，让30天可能都不会反省一次的我陷入了思考：她们说的是事实吗？大家为什么对我会有这样的态度变化？我想保护像当初的我一样被霸凌的人，可大家为什么并不领情？

我逐渐明白，自己被归为了狐朋狗友一类，乖张轻佻的作为只会让人不信任我。再带入当年受欺负的我的视角，如果是当时的我，恐怕要做的第一件事就是离现在的我远远的，因为此时的我在一些人眼中更像甚至就是霸凌者。

时间已经来到了高一的最后两个月，大家的态度我已经感受了很久，折腾不止的动力与兴趣早已不足，而这句直白的评价也让我再也不能自欺欺人。那一天，我出奇安静，浑身的精气神仿佛被抽空了。审视自己，我好像突然被扔到了青藏高原上，周遭的空气都稀薄了几分，高原反应让我眩晕、窒息。

熟悉的剧情再一次向我招手——极端的自负狂妄之后，我走向迷茫和自我怀疑的泥沼。

对自己最重要的人：我，我，我

陷入自我怀疑后不久，一堂意料之外的思想政治课启发了我。

那是下午的第一堂课，上课铃声响起，政治老师走进教室。一套常规流程之后，政治老师开始了她与众不同的教学："正式上课之前，请同学们拿出一张纸，给你们五分钟，写下你认为对你一生最重要的三个人。"这个问题好像有什么魔力，平时吊儿郎当的我，面对这个问题倒是认真地思考了起来。

父母？父母的教育在我的成长中几乎一直是缺位的。再往上一辈的长辈……

五分钟很快过去，我却一直盯着面前空白的纸发呆。

"好了，时间到了，有同学愿意分享一下自己都写了谁吗？"

不少同学的答案就这样传到了我的耳朵里，大家的回答都很一致：爸爸、妈妈、爷爷、奶奶等。特别一点的答案是未来的妻子、丈夫、孩子。大家讲述着自己的理由，每一次回答之后都是一阵掌声，可这些答案似乎都不太能让我产生共鸣。但这些回答启发了我，一个答案浮现在我面前的纸上：我，我，我。

笔停，政治老师恰好走到我的旁边，这时候已经有十几个同学站起来做过分享了。她盯着我的纸看了一会儿，说："大家的回答都很好，理由也很充分。不过好像大部分同学都忽略了一个人，我看到没站起来的同学中有人写了，不知道这位同学愿不愿意分享一下自己的理由？"

我听出了话中的意思，但此时的我失去了站起来的勇气和张扬的底气。之后又有几个同学给出了不一样的回答，但显然不是老师所想的。

"同学们说的大都是爸爸妈妈、爷爷奶奶等家人或其他亲戚、朋友，可我觉得大家似乎忘掉了一个人，我看到有同学写了，不过可能不愿意分享自己的想法。大家有没有想过，能陪你走完一生、经历大大小小事情的人只有一个，那就是你自己。"

对于大部分人来说，我们从小在别人的期盼中长大。小时候我们可能因为渴望得到一块糖果、一次夸奖而听话，渐渐地可能会为了一顿大餐、一件礼物而努力学习，为了成为"别人家的孩子"而用功，为了获得同学的赞叹强行出风头……但别人的期盼换来的动力总会枯竭，只有对自己期盼的内生力量才会带来持续的动力。

教育不是把水灌满，而是把火点燃。这三个"我"，烧得我躁动不已。

高一的尾声：成绩、谈话、自我怀疑

同学的谈论，思想政治课上老师所讲，还有高中以来自己的所作所为，在我的脑海里不断地交织盘旋。在高一的最后一段时间里，我突然安静了下来，但由于脑袋空空、心乱如麻，那种设想中回头努力学习的状态自然是难以出现的。上午睡觉，下午发呆，晚上被小陈叫去办公室谈话、批评依然是生活的常态。

我在漫无目的中荒废着日子，期末考试却是大踏步走来。和阶段性的月考、期中考试不同，期末考试要考查一整个学期的知识掌握情况。这次的期末考试不像高一上学期那样还能拿初中阶段的内容勉强作答，试题在我的眼中就像天书一般。但作弊更不可取，我只能直面自己。收卷时，看着试卷上的大片空白，失望、失落、无力感，各种情绪不断从心头涌出。

和其他学校期末考试之后直接放假不同，一中要等到期末考试成绩公布、老师分析完成绩、各个分数段的学生都挨个儿去过班主任的办公室之后才放学生回去。年级排名我已经记不清了，但我记得在班级里排倒数第三，这就是我高一最后的成绩。

高一上学期期末考试之后，寒假之前，我带着一帮同学在操场的雪堆上打滚。而这一次期末考试之后，暑假之前，我蜷缩在最后一排角落的座位里，满脑子都是这一年自己搞砸或是半途而废的事情。我躲避所有人的目光，因为在这最后的几天，即使是成绩最差的同学也会时不时提起排名和成绩。

我就像一只受惊的兔子，往返于自己的各个洞窟之间，把遇到的每一个人都看作满口涎水的猎食者，惊慌地躲避着别人的目光与言论。

可该来的终究还是会来，更让我没想到的是，分析成绩时班主任专门把我和家辉一起叫到了办公室。但和往常不同的是，我再不是无所谓的态度，小陈眼神里的失望愤怒和家辉那优异醒目的成绩仿佛一个大号的老虎钳，紧紧地钳住了我的喉咙。

烦躁、愤怒、无力、失望、恐惧……飘在我的眼前。那几天的我变成了一只火药桶，暴躁易怒。

初试健身房：无法坚持的 70%

终于熬到了高一暑假，年级倒数的成绩带来的压抑情绪随着假期到来、身边同学的消失而有所缓解。因为想给自己找一些认同感，再加上实在需要宣泄自己的负面情绪，我又变回了那个叛逆、轻佻的无知少年。

"这个暑假，我要去健身房[1]。要是能练出来腹肌、胸肌，那得多帅啊！"幻想着身边男同学的羡慕与认可，暑假一开始，我就在附近寻找口碑比较好的健身房。在朋友的打听和推荐之下，大概三天之后，我踏进了一家名叫"融成"的健身房。那时，我还不知道这里会给我带来怎样的蜕变。

刚走进这家健身房，前台的工作人员就招呼了过来，我说明来意后，他们就给我安排了一位私教，带我体验一下场馆里的固

---

1 随着健身房管理日渐规范，现在大部分健身房都规定 16 岁以下未成年人不能独自使用健身设施。——编者注

定器械，教我怎么使用。私教瞥了我一眼，眉头一挑，显然看出了我是一个"新手"。"跟我来吧"，说着，私教就领着我径直走向了力量区，教我用了几个最简单的固定器械之后，他交代我把这几个动作每个练四组，今天的训练就算是结束了。

可是在转身离开之前，教练却挑衅似的对我说："第一次来健身房健身的人中，只有不到 30% 的人能坚持一周。"这句话让我很不服气："哪有那么难坚持？一周？我一定要坚持一个月！"心里这么想着，我也赌气似的增加了负重，超负荷地把几个动作每个做了五组（危险动作，请勿模仿）。

然而现实很快狠狠抽了我一记响亮的耳光。由于第一天的锻炼显然过量，而且我没有在锻炼前拉伸、放松，一觉醒来，我浑身酸疼。别人随手碰一下，我就疼得龇牙咧嘴、鬼哭狼嚎。之后有差不多一周的时间，我的胳膊都很难抬起来。

"行行行！服了服了，我就是那无法坚持的 70%，我不去了总行吧！"那几天，这样的想法总在我的脑海里徘徊。不过可能是好了伤疤忘了疼，也可能是私教当时挑衅的眼神让我实在气不过，同时我还有两次免费体验的机会，于是身上的酸疼刚一消失，我就急匆匆地冲进了那家健身房。

这一次去的时候，前台围了不少人，而望向被围在中间的瘦弱身影，我几乎被惊掉了下巴——那是一位在人群里一眼就能看出的残障人士：他的双手双脚纠缠在一起，上身挂着一件白色的背心，斜斜地靠在一个中年男人怀里。

我毫不怀疑，如果中年男人此时离开，这位残障人士就会软软地瘫倒在地板上。"这是来干什么的？"尽管满是疑惑和诧异，我还是没忘了自己这次来是为了跟那位私教较劲的，然后就走到了力量区，开始了又一次征程。

不过那时我丝毫没有意识到，那位残障人士将会给我带来多大的震撼、多大的改变。

活生生的奇迹：一位残障人士的征程

进入力量区，把前几天学的几个动作都做了一组后，我感觉有些口渴，便走向休息区准备接水喝，顺便吹吹空调。在休息区，我又一次看到了那位残障人士，这时的他没人搀扶，不过没有像我预想的那般瘫在地上，而是斜倚在墙角。他手、脚、脸并用：手和脚顶在地板上，脸贴着墙，挣扎着想要靠自己站起来。

从旁边的一位私教那里得知：这位残障人士似乎是来做康复训练[1]的，刚刚围在前台的人是在商量协议。之前他倚靠的中年男人是他的父亲，而现在他已经让照顾自己的那些人都回家了，他想靠自己站起来，想实现生活自理。听到这些，我原本就干渴的喉咙越发紧缩，胸口像是让人用铁锤狠狠砸了一下，呆立了半晌也说不出话来。

那天锻炼完回家，那位残障人士的身影时时在我眼前浮现，惭愧与羞愤涌上心头，让我想不了其他任何事，涨得我满脸通红，憋得我几乎没法呼吸。我该做什么？我能做什么？一个成绩年级

1　此为作者当年遇到的情况，现在的康复训练通常在医院或专门的康复机构进行。——编者注

倒数、性格吊儿郎当、做事半途而废的我，做得成什么正事？

忐忑和慌乱一整天后，我在第二天下午三点又一次走进了那家健身房。我太想知道他到底站起来没有，或者他是否也像我一样知难而退？走到休息区，我又看到了那个枯瘦的身影。我有些失望，但更多的是惭愧。

在刚开始做康复训练的几天，他并没能靠自己站起来。尽管不论是他还是围观的我们，都无比期望他能依靠自己站起来，可事情的发展不以人的主观意志为转移。尽管我们无限期待，但他不受掌控的四肢和肌肉显然不足以支撑他自己站起来。

就这样，怀着对他的好奇，我不知不觉地坚持健身了十几天。可仅仅如此，似乎显得不够，和他相比，我总觉得自己缺点什么。

"我该做些什么了，该做些正事了"，这样的想法莫名其妙地出现在我的脑海里。

"那试试好好学习？"就这样，我开始尝试每天有规律地刷题、看书，尝试坚持做一些有意义的事情，让生活变得更加充实。

这样又过了大约一周，当看到他佝偻着身子颤巍巍地走进洗漱间时，我不由得再三确认是不是他。站起来之后，他开始练习洗脸、练习接水，场馆里的洗脸池对佝偻着身子的他来说太高了，而接水的地方又太低了，我几乎每天都能看到他一头栽进洗脸池或是被开水烫到。他明明一直待在泛着几分凉意的休息区，衣服却每天都被汗水浸透。

他的下一个项目是自己脱下背心，松松垮垮的背心沾上汗水之后紧紧贴在了他的身上。每天下午大概两小时的锻炼中，他都在和似乎粘在他身上的宽大背心斗智斗勇，为脱下这件背心而累得瘫倒。再下一个项目是自己穿上背心，伸不直的双手让这个简单的动作如登天一般难以完成……

近两个月的时间一闪而过，高一暑假最后一次去健身房时，我看到他以 2 千米 / 时的速度在跑步机上"狂奔"。难以想象他经历了怎样的挣扎，从健身房走出后又会接受怎样痛苦的治疗，那时我能看到的，只有一个活生生的奇迹，巨大的震撼让我宛在梦中。

此时审视自己，坚持健身近两个月让我健壮了不少，最近三年的高考数学题中高一阶段的题目我也基本看过、刷过了。

"我该做些正事，我也能干些正事。"

小结：一个爱捣蛋的差生的自白

在高一及之前几年的初中生活中，我一直处在一种混乱的旋律里，理不出什么逻辑，我把这段时光称作被情绪和对认同感的渴望所支配的日子。

如今回想起来，高一时，我的很多行为都很可笑：想尽办法保住自己的斜刘海，走路时"一步三颠"，迷信"10 年前，他年级第一考上清华；10 年后，他被老板辞退找高中辍学的我求职"之类的小故事……

差生的身份给我制造了一个无比封闭的信息茧房，大到高中阶段如何规划、各科特点和重难点，小到某道题目怎么做、涉及哪些知识点，我都无从得知。同学之间的八卦、逃课的"好去处"

等反而成了我聊天的热点。在我的"圈子"里，你若是选择学习，那自然会被当作群嘲的对象，进步和成长因此离我越来越远。

不愿面对失败让我们给自己打上了思维钢印。我们给成绩好的同学贴上"书呆子"的标签，欺负、奚落、孤立十分努力但成绩不见长进的同学。基于不健全的认知，我们从对别人的贬低中得到满足，因为这样我们就能暗示自己"情商高""人缘好""只是懒得学习罢了"。踏出舒适圈并直面自己对我们而言成了这世间最恐怖的事。

我们在一个逼仄阴暗的房间给自己套上一层又一层的囚笼，又在囚笼中点上一支蜡烛，告诉自己：外面一片黑暗，而且突破层层囚笼困难重重，最重要的是，我们的面前就摆着唾手可得的光。这微弱的烛光就是周围人的认同，是诸多失败之后不忍也不敢舍弃的光亮。

误打误撞的捣乱让我赢得了关注，之后的胡闹行为更是让差生朋友们对我有所追捧，让我沉沦于他人的看法而无法自拔，我就这样在混沌中走过一年。可无论如何欺骗自己，总掩盖不了失败的事实，也遮挡不了大部分同学目光中的异样，挫败感逐日累加，直到同学们的议论压垮我自我保护的外壳。

值得庆幸的是，政治老师的灵魂发问让我自省，健身房所见又帮我重塑世界、找到榜样；另外，在这个过程中小陈像是着了魔一样一直看着我，未曾放弃我。

暑假期间我还经历了不少事情，比如一直以来作为我精神支柱的哥哥当兵离家，我和小胖子等好友分道扬镳；比如父母闹离婚，每天家里都是锅碗瓢盆和酒瓶的碎片；比如高二正式开学前分科，同学们大都有了清晰的目标，而我还依旧迷茫。

这桩桩件件把我稚嫩的心揉得粉碎，挣扎中我逐渐明白了为什么自己会写下三个"我"，也逐渐意识到想要生活不再一团糟，自己就必须做些什么。

鸡蛋从内部打开即是生命，凡此种种，予我新生。

高二篇

要当英雄不妨先当狗熊，怕只怕对什么都无动于衷；河上没有桥还可以待到结冰，走过漫长的夜便是天明。

——汪国真《学会等待》

高二伊始：努力的起点

时间来到 8 月中旬，高一暑假如狂风般呼啸而过，恍惚中吹得我心中掀起一阵阵波涛。"我得认真学习了"，正式开学前的班会上，我雄心勃勃地制定了自己的作息表和每日任务。

5:10~5:40：早起背单词

5:40~6:00：洗漱、吃饭

6:00~6:30：练字、阅读英语

6:30~7:05：早读（化学、生物）

7:05~7:50：早读（语文、英语）

7:50~12:00：上课

12:00~13:00：自习

13:00~13:15：吃饭

13:15~13:35：午休

13:35~15:00：自习

15:00~17:40：上课

17:40~18:00：吃饭

18:00~19:00：自习

19:00~21:35：上晚课

21:35~22:40：自习

22:40~23:00：洗漱

23:00 之后：睡觉

每日任务：每天额外做数学试题两套，英语、物理、化学、生物试题各一套，练字。

从高二正式开学起到高中结束，我一直坚持使用这张作息表。从那时起，我的高中就几乎没有了假期，至于旷课现象也再没有发生过，当然，这都是后话了。

在当时，我的学习状态算得上狂热。按照作息表，我每天真正的睡觉时间大约只有六小时，其余时间除了吃饭都在学习，但我感觉不到丝毫疲倦，其他事情都引不起我的些许注意，称得上"两耳不闻窗外事，一心只读圣贤书"。甚至有几个晚上我因为学习到太晚忘了时间而被锁在了教学楼里，新来的物理、化学老师甚至非常困惑这么努力的学生为什么排名这么靠后。那时我觉得，整个学校论努力和专心程度，没人比得上我。

高三二轮复习之前的每个阶段，每一本必修或选修书中的知识都与之前所学有着很大的区别，甚至每两个单元之间的内容都毫不相关。而每个阶段的考试也只会考查该阶段所学的内容，所以在新知识学习阶段，每次考试都可能有人突然就取得很好的成绩。新学期或者单科的一个新单元的开始，往往是成绩差的学生重新建立自信、提升成绩的绝好机会。

"虽然高二之前我都没有学过这部分内容，考试题目也不会因人而异，但我现在付出了好几倍的专心与努力，不让我当这匹黑马可就太没天理了！"

抱着这样的想法，那段时间我一直期待着考试；怀着这样的期待，那段时间我一直不知疲倦地学习。

月亮与六便士：努力与无果

在我无尽的期待之中，第一次月考终于来了。然而，令人失望的是，这次月考不阅卷、不出分、不排名，而是自行批改。我很希望借着这次月考看到自己的排名从倒数前十变成正数前十，然后再在同学们惊愕的目光中狠狠地神气一把——我只要一努力，年级前十手到擒来。

尽管不会有排名和公开的成绩，我还是想通过这次考试进行一次验证：我非常希望看到自己做题能力和正确率的提升。希望这不被老师批改的试卷告诉我：你的努力很有成效，之前成绩差只是因为不学，你只要好好学习，成绩一定是靠前的。

然而，现实又抡圆了胳膊给我送上了一记暴击。

诚然，和之前完全连书都不看、课都不上相比，我努力了很多，基础知识也记了不少在脑子里。可学习并不是一蹴而就的，除了掌握基础知识还需要有好的学习习惯、方法和技巧。自行批改下来，我的单科分数最高也只有 70 分，基础题的正确率还可以，但那些对读题能力和做题技巧要求更高或难度更高的题目，我的得分率就显得惨不忍睹了。

诚然，走出差生的舒适区，尝试努力学习之后，我瞬间就从一个"自得其乐"的差生变成了一个"无力改变现状"的差生，并且每一次做题都在重复这一事实。

其实，这次月考的结果本不应使我感到意外，因为我平时做题的正确率与考试时差不多，只是平时我总会安慰自己："这些错误都是因为粗心、审题不仔细造成的，没什么大不了的，这题其实我会，考试时专心点儿就行了。"

然而不幸的是，这次月考之后，我依旧是路径依赖，对错题背后暴露的问题视而不见，批改之后便像躲避瘟神一般躲避这张"没考好"的试卷，不再看它；接着就是痛定思痛，埋头刷题，等着下一次翻身机会的到来。那次月考之后，我就是抱着"我都会，只是粗心大意没考好"的心态埋头苦学，对试卷上显示的和平时错题一样的题目视若无睹，对自己的学习方法毫无反思，只是暗自等待下一次考试——一个一鸣惊人的机会。

因为我的学习习惯、学习方法还停留在初中单纯地背知识点、死记题目和答题格式阶段，所以即使做了很多也背了很多题目，但我不会的题目还是不会，不懂的知识点依旧不懂。我花在刷题、背诵上的大把时间不过是在单调地重复最简单、最无聊、最无用的工作罢了。

随着知识量和难度的双重提升，我的错误率有增无减。我们当时在高二上学期学习导函数，这是高考数学中最困难烦琐的一部分，是高考最后一道大题考查的知识点。努力学习了一个多月后，我愕然发现：尽管我做了那么多数学题，看了那么多遍课本、导学案、练习册、习题集及课外书上的导函数大题，但我还是几乎一道都做不出来，在函数求导之后便束手无策。

那时我并不明白，我那段时间所谓的"努力学习"，其实应该说是"努力死记硬背"。结果就是没有学会的知识一做就错，学会的知识因为粗心大意也时不时出现一些问题，小错误不断、大错误不停。

不经思考、不寻找真正的原因，这样的"努力"更像自我安慰，它不断加深我的错误认知。不得不说，我寻错了方向。

祸不单行：怎么，你要上清华啊

第一次不阅卷的月考之后，我虽然依旧坚持着学期初制定的作息表，但现实与理想之间的差距还是让我受到了不小的打击，一个念头时不时在我脑海中飘荡："看来确实是我自视甚高了，即使努力也取得不了好成绩，这就是所谓的天赋不高？"我时不时还会庆幸这次月考是不阅卷的，不然不好的成绩劈头盖脸地砸来，恐怕得把我当时那可怜的自尊心砸得粉碎。而令我没有想到的是，之后的一个小插曲又把这种失望放大了不知多少倍。

我努力张开双臂迎接进步，没想到却和失望撞了个满怀。开学时的亢奋状态也就随之而去了，过去一个月的困乏睡时间攒到了身上，之后一段时间的课间休息我更多是倒头就睡。

每次月考之后，班主任都会在课间让几个同学去办公室分析成绩、了解情况，进教室时也总是顺便安排一些班里的事情。这次自然也不例外，月考后大概三四天，班主任从后门走进了教室，走进来之后的第一件事就是咣咣咣地狠敲了几下最后一排靠门口的桌子，让教室里吵闹的同学安静下来。很不幸，和我的成绩一样，我的座位也一直在最后一排，班主任所敲的正是我的桌子，而我正趴在桌上睡觉。

敲桌子的声音吵醒了我，吓得我猛然惊醒，旁边的损友调侃我："哈哈，让你学到那么晚！怎么，你要上清华啊？"似乎感觉受到了挑衅，我鬼使神差地回复了一句："确实，不过北大也行。"班主任敲桌子都没有安静下来的教室突然寂静了两秒，后排的同学们好像听到了什么世纪笑话，笑得前仰后合。笑声中，我皱着眉头，不知所措。课间的几分钟就仿佛一个世纪那么漫长，那是我第一次觉得上课铃声那么好听。

接下来的一段时间里，我越发地沉默寡言，憋着一股不服气的狠劲埋头在课本和练习题当中，"量变引起质变"成了我心中的真理。我花费几乎所有能利用的时间做题，连老师讲课的时间也不例外：我不听课，只做题。

我希望以所做题目的量变引起成绩的质变，然而没有吸取月考教训的我自然也没有迎来期待中的质变。当时我做得最多的是数学和物理题目，而令我诧异的是：随着做题量的增多，正确率却越来越低，甚至连平时作业中的数学和物理大题都奈何不得。当时的我没有注意到另一句话："实践是检验真理的唯一标准。"很显然，我的真理并不是真理，或者说"量变引起质变"中的"量"并不单纯指做题量。

事物发展的决定因素是你所创造的客观条件，代入学习上就是说学习成绩取决于你对知识点和考试的理解与掌握程度，不管不顾地埋头刷题只会消磨你的耐心和信心。而当时的我，并不明白这一点。

困顿与求索：打破瓶颈的楔子

我一直不听课引起了新来的物理老师的注意，她觉得这个非常用功但成绩总不理想的小伙子一定是出了什么问题。更幸运的是，小陈一直没放弃作为差生的我，反而因为班里的大小事情、各种麻烦里总少不了我，以及我和班里其他同学相处得都还不错，让我来管理班里的诸多事情，我俨然成了"小班主任"。开学之初，班里来了两位新老师，我就被班主任叫到办公室跟新老师见了面，"两位老师，平时学生要是出了什么问题，如果有不方便说的，找这小子就行。"班主任这么介绍了我。一个多月的接触让这位新来的物理老师对我印象极佳，于是他决定帮一帮我。

一次晚课（一般是自习，让学生写作业、预习、复习），物理老师没有回家，把我叫去了办公室。

"祈风，我看你最近状态不太好啊？"

"呃……还好吧。"

"月考卷子做得怎么样？"

"不太好，应该是60多分，还是题做少了。"

"我看你做了很多题啊，我带的几个班里应该没有人比你做题更多了，这不是做题的问题。"

"那老师您觉得……"

"你们班成绩最好的应该是家辉吧？你看他平时作业都写不完，可他做一道题就有一道题的效果。量变引起质变，这个量是你真正学习、成长的量，不能机械地做无用功呀！我看你最近好像不怎么听课，也不怎么和人交流，闭门造车是不行的。"

…………

下课铃声响起，谈话在不知不觉间进行了45分钟，一开始我心急火燎地想结束谈话，赶紧回去刷题。不知道为什么，刷题总能让我平静下来，或许是因为这会让我感觉自己确实在努力。

然而，老师的话打断了我的思绪："好了，你今天回去不要再做题了，好好想想我们今天聊的，你是个聪明孩子，老师相信你能及时调整状态。"

那天第三节晚课之后，我没有像之前一个多月那样接着做题，而是摆出月考试题和最近的错题，思考我的问题到底出在了哪里。

"既然我没有合适的方法，为什么不先从模仿别人做起呢？家辉做一道就有一道题的效果，就模仿他。之前一直不与他交流是害怕其他同学起哄嘲笑，可不去问他问题就能避免这些了吗？显然，只有最直白客观的好成绩才能让戏谑和嘲笑消失。和暑假在健身房见到的那位残障人士相比，我遇到的困难似乎真的是微不足道。"

"我该改变了，先从模仿成绩好的同学开始。"

一千个哈姆雷特：努力了与"我觉得我努力了"

我们总有这样的疑惑："我每天至少要比他多在教室学习一个小时，为什么他的成绩会超过我？""我暑假就把下一学年的知识全都学过一遍了，怎么还是得请成绩好的同学教我，他才第一次看这部分啊？""我每天专门做两道导函数大题，为什么还是解不出第二问？"……

似乎我们总有这样的疑惑：努力真的有用吗？我是不是天赋不行？不知不觉中，我们给自己套上一层又一层的枷锁，一次又一次用一些偏见来催眠自己：男孩就是记不住东西，女孩就是学不好数学、物理，高考的最后一题都是留给天才去做的，很多老师都不会……接着就是在丧失信心和探索勇气的状态下做着机械重复的工作并感叹自己缺少天赋。

高二因为成绩好从普通班进入六班的阿亮就是如此，进入六班伊始，他就开始感叹重点班同学的聪明和他的愚笨，宣称自己坚信"勤能补拙"。但我却认为，他坚信的实际上是"我拙"。

阿亮给自己起的网名叫"笨小孩"，因为他认定自己笨、跟不上别人的节奏，所以就算别人认真给他讲题他也会发呆，或是刻意感叹别人的聪明。讲题时传到他耳朵里的不是思路，而是"他真聪明，我真笨"。别人讨论题目、知识点的时候，他往往在抄写一些励志的句子，然后贴到桌子或书立上。就这样，进入重点班、有了更好的学习氛围之后他反而在不断退步。

许多同学都是如此，为自己树起一道又一道藩篱，在尝试进步之前已经为即将到来的失败乃至退步找好了借口。所以他们不敢试探，不敢探索，多做了一套题，多看了一本书后看不到进步便打起了退堂鼓，不反思原因，而是一边呢喃着"我不行"，一边讶异艳羡着别人的进步，而后又心安理得或苦恼不堪地接受自己的止步乃至退步。

现实世界已经存在足够多的阻碍，让每一次进步都带着阻力，让通往远方的道路布满荆棘，我们又为什么非要自缚手脚地前行呢？

"努力"很久而不见进步者往往有这样的特点：头痛医头，脚痛医脚，但所开药方上从来只有一味药——时间。他们只顾着埋头刷题，做完了一整本专题训练却不总结通用的解法；将自己紧锁在教室的座椅上，一天只盯着书本和满桌的励志短句却不知道自己探索了哪一个知识点；作息表上精确标注着要学习数学或语文、处理作业或预习的安排，却总也说不出自己用这段时间学会了什么、记住了什么、弄明白了哪一个知识点。

每日的安排确实可以帮人更有条理地完成任务，使人学习进步，但这样的安排应该以目标（比如弄懂月考数学第二十题，完成化学下一课的梳理）为导向，而不是以任务量（比如完成一套物理试题）为导向。

很多中等生、"努力"很久而看不到进步的学生都是如此，基础知识"量"的积累让他们的成绩不至于很差，但却让他们产生了路径依赖，只在背诵和题量上下功夫，而从不归纳总结，不查漏补缺。在知识量较少的初中，这样做可能还可以误打误撞地"开窍"，当知识量骤然增多时，希望就十分渺茫了。

这样的努力称得上努力吗？有人会说这是找错了方向，但这不过是一种"我觉得我努力了"的自我安慰。这样做一开始还可能会有些许进步，但时间长了之后就转变为自我催眠，使人止步不前且不求助、不询问，或是求助时不愿提及自己的现状而只求一个放之四海皆准的方法，求而不得后就把一切归于天赋不行，而后苦恼抱怨、自认无力。

电影《面对巨人》中运动员布罗克认为自己完不成 30 码（约 27.4 米）的"死亡爬行"，但当教练蒙上他的眼睛，并在一旁不断激励他时，他竟出人意料地完成了长达 110 码（约 100.6 米）的爬行距离。30 码是布罗克给自己设置的边界，"我智商不高"或"太累了"也是很多同学给自己设置的边界，可是智力欠佳的学生考上优秀院校的新闻我们不是没见过。请忘掉这些边界条件，遇到问题时只想解决办法，只要成功一次，就能让自己收获无限的信心与可能。

还好这一次我没有沉沦，还好当时的我称得上一个行动派。

神奇的学霸：做不完作业的第一名

孔子说："不愤不启，不悱不发。"苦思了许久的问题在老师的一席话和自己一整夜的思索之后似乎找到了答案，第二天我就开始观察家辉是如何学习的。

之前在我看来，家辉是一个十分神奇的存在。这个性子细腻、说话轻声细语的男生是班里中考成绩最高的，高一阶段的成绩就一直是班级第一、年级前三，可他从来不刷题，甚至连平时的作业都没有写完过，老师每次检查作业都要专门批评他一顿，可他的成绩却一直稳如泰山。班里的大部分同学都将这归因于家辉天赋异禀，不用学习就什么都会了，但没有人深究过他的学习方法。

可是，果真如此吗？他真的不学习吗？

高一时每天迟到早退、旷课逃学，几乎不怎么待在教室的我也和其他人一样，觉得家辉的成绩完全是由于他天赋高。可上高二之后，除了吃饭睡觉几乎都在教室里待着的我发现：除了我，每天在教室里学习时间最长的似乎就是家辉。

"他在学什么？他为什么每天专注学习那么久却总是做不完作业，写不完试题呢？"出于这样的好奇，我开始观察家辉，甚至申请坐在家辉的旁边和他一起听课，课下也时不时问他题，借用他的试卷、课本、习题集。渐渐地，我也就明白了家辉为什么显得那么"神奇"。

首先，家辉非常聪明，他条理清晰、心思细腻，记忆力很好，这是毋庸置疑的。一个知识点如果我要看三遍才能记住，那家辉只需要看一遍，而且比我记得更牢。但如果把他的好成绩仅仅归因于此显然是不对的。

经过一段时间的观察，我发现家辉课本、笔记本上的标注比其他任何同学的都要多，而且更加细致，甚至课上老师不经意间提起的课外知识乃至玩笑他都会标注上去。看到他的课本和笔记本，你就可以知道他在上课时是何等专注。

虽然他的习题集、练习册上会有空白，但仔细观察之后我发现，每个类型的典型题家辉都做了，而且几乎每道题都用了几种不同的解法，并且在旁边标记了自己的思路。家辉用过的答题纸上，能看到的批阅标记几乎只有对钩，所有他做过的题几乎都能拿到满分。

我做过的题目数量是家辉的十几乃至几十倍，每次考试也总是很快就做完题，但我的成绩远远不如他。原因在于：我做题时只是走马观花，导致错误印象不断加深；而家辉长久以来养成了钻研的习惯，能够举一反三，每做一道题都要彻底弄明白其中的知识点和所用的方法，以及出题者的意图。他慢吞吞的性格让他做题总是很慢，但也让他能更加细致地思考，把知识记得更牢、理解得更深。

与之相比，我所谓的努力学习只会让我向一个无脑的刷题机器靠拢。

努力是为了改变现状、变得更好，如果碰壁之后依然不调整方向，撞了南墙依旧不回头，那就是一种变相的懒惰。

吃透一道题：伤其十指，不如断其一指

家辉的记忆力和他的学习习惯、自身性格是相互促进、相辅相成的。他的性格让他选择了现在的学习方法，养成了这样的学习习惯，而这样的学习习惯让他的记忆力越来越好，从而强化了他的好的性格和习惯，形成了一个正反馈循环。他如今在学习上的举重若轻是十几年如此生活、学习累积的结果。弄明白了家辉始终名列前茅的原因，我也开始思考适合自己的学习方法。

和家辉的条理细致正好相反，我思维跳脱、性子很急，做事总求快、求捷径。对于课本知识，我不能像家辉一样做出那么多延伸思考，而且没有家辉长久的积累和良好的习惯，所以完全照搬家辉的学习方法显然并不是明智之举，我最需要借鉴的是家辉的钻研精神——把所学的每个知识点都吃透，刻在心里。"伤其十指，不如断其一指。"这样每天都在积累和进步，而不是今天学，明天忘，到头来脑袋空空，什么都没有学到。那么，我该怎么做呢？

由于没有家辉那么好的读书习惯和举一反三的能力，所以我对知识点的深究就需要用简单直接的方式——做题来进行。习题会清晰明了地告诉你知识点在题目中的表现形式，一般习题的解析中也会标明重点和难点究竟在何处。

关于题目选择，《5年高考3年模拟》中的典型例题就是比较合适的。但是核心不应该是追求做题的量，而是弄懂它所涉及的知识点和延伸出来的各类解题方法、思路。对于经典题、难题，同一道题要反复精做，弄清楚每一步的知识点，搞明白为什么要这样想，然后尝试用不同的方法解题。遇到自己难以做出的经典题、难以想到的解题思路，就把题目裁剪下来，随身带着，有空就看看想想，直到能够完全理解、独立做出。

另外是做题习惯不好。我的试卷上总是缺一些勾画的痕迹，这就导致在题目比较长、需要一定理解能力的时候我无法抓住重点，忽略题目中的重要信息，从而很容易答偏。这时候读题时标注的重要性就显示出来了，有效的标注能够让你迅速、准确地完成对题目的解析。

我建立了一套读题的标注符号：题目中重复出现的信息用双线标注，课本知识点用圆圈圈出，题目中给出的课本之外的知识用波浪线勾画。这样答题时该注意什么，检查时该审视哪些题目就一目了然了。

我逐渐明白了家辉的逻辑：所有练习的目的都不在于做完，而在于弄懂。日常的一切练习都是对高考的演习，重要的是反思、改错、拓展、思考，而不是只把空白处填满。

听好一堂课：我该如何做好笔记

改变做题方式之后，题目在我眼中不再杂乱无章，我也自以为渐入佳境：有积累、能进步，做题更加熟练。这让我更加愿意花时间在做题上。可这一次，我似乎又绕了路。

埋头做题，让我在做题数量和速度上远超其他人，需要请教别人的错题自然也多上不少。但我却惊讶地发现：同样是学习与之前知识毫不相干的新内容，我总是需要去请教明显不如我"努力"的人。更打击人的是，这些人往往有更新的思路、更简单的做法、更具条理性的分析和更通用的思想。是天赋原因？不！一定是我又做了无用功。

我向同学借来练习册、笔记本等，并对其进行比较、观察。我发现他们的笔记本上总有一些我没有记录的内容，一开始我也像很多同学一样，采取了最简单的方法——抄，把他们多记的内容抄下来。但几天下来，我发现了问题——每堂课他们的记录、收获似乎都比我多。问题不在笔记，而在于课堂，在于听课，我把目光转向了忽视许久的课堂。

"怎样才能像他们一样每堂课记录这么多东西啊？跟上老师的节奏已经不容易了，更别提记下来了，我写字也不比他们慢啊。"

自从下决心改变之后，似乎每次刚一感觉自己发现了新的进步契机，就会有一只拦路虎扑上来，告诉我这个想法很难实现。这次同样如此：记笔记和认真听课不能兼得？可他们又是怎么做到的？他们行，我凭什么不行？

"既然课上的时间不够，那我就把功夫下在课前。"数学、物理的考点在课本的基础上延伸得很多，那我就用一两道典型题目来理解课本内容的主干——最主要的定理或公式，并标记有趣或理解不了的地方；生物知识散，那我就以每一节最主体的试验为框架，梳理每一步试验的具体内容；化学知识碎，那就找最相符的工业流程或最典型的试验类比归总。

既然关键是提升课上的效率，那之后每天的新课程结束，我要做的第一件事就是根据第二天的课表问老师第二天会讲哪些内容，然后做好预习。

有了充分的预习，课上具体要做些什么就显而易见了：要么按照老师所讲对主体内容做补充，要么起立提问自己不理解的难点，要么按照自己的想法提出不同意见，和老师讨论。每一堂课都带着要解决的问题有针对性地寻找答案，总之目的只有一个——进步。

记好笔记的目的在于听好一堂课，所以除非你天赋异禀，能举一反十，不然没有好的预习就没有好的笔记，没有针对性的问题就听不好一堂课。课上的笔记叫随堂笔记，只简记要点、难点，无所谓整齐，目的在于解决问题而不是当堂记忆知识点。

在学习时间和刷题数量上历经两次失败后，这一次我认为自己从学习习惯到学习方法，从战略到战术完成了全盘部署。怀着希望和忐忑、希冀和怯懦，在一段时间的试验、总结之后，我又一次踏上了全新的道路。

差生提升的桎梏：朋友圈

理想很丰满，但现实往往并不尽如人意。我再一次踌躇满志，打算大干一场，可现实很快就又给我上了一课。这一课的内容只有一句话：近朱者赤，近墨者黑。

与之前的埋头刷题或是私下借笔记不同，这一次我需要频繁而公开地和老师、好学生们交流讨论、互动，而这并不是什么容易的事情。

对于很多像我一样成绩不好而渴望提升的同学来说，所处的环境会给他们很大的限制。原先几乎不跟老师互动、不找老师问问题的人突然积极主动、频繁地跟老师互动，进出老师办公室问问题，跟成绩比较好的同学讨论问题、提出自己的观点，这样的改变让我有些不适——在周围的圈子中，这样的行为显得有些异类。

遇到问题想要和以往不熟的同学讨论，一时间好像以往所有与自己相处较多的同学都开始用异样和疑惑的眼神打量你，变化太大甚至还可能会把老师吓一跳。

其实对于很多成绩差的同学，最难突破的就是周围朋友的影响。不同于成绩好的同学时不时扎堆讨论问题，成绩差的同学在这类问题上插不上嘴，所以更倾向于自我保护，不讨论与学习有关的事情，更有甚者还会搞破坏：捉弄学习的同学，给频繁去老师办公室讨论问题的学生贴上"打小报告"的标签。

"你要上清华啊？"事件之后的一段时间，我不断躲避周围同学的目光，希望能够在班里隐身，尽量不让人注意到我。可这几天的思考告诉我：我欠缺了很多，闭门造车是不行的，我需要交流、提问、学习。大概在物理老师找我谈话后的一星期，我开始以全新的方式学习，只不过一开始就掀起了一些小波澜。

那是一节数学课，数学老师刚宣布上课，我就拎着凳子径直走向前排靠近讲台的位置。这突然的举动吓了一向温柔的数学老师一跳："祈风，你干什么呢？"我有点蒙："听……听课啊！"老师松了一口气，示意开始上课。

这个小插曲激起了一阵骚动，让我本就不十分坚定的决心动摇了几分，一整堂课也是思绪纷飞，心中默念："果然，太丢人了啊！"之前想好的积极提问也就没了下文。

刚一下课，我就冲向了厕所，觉得肯定有不少人都在盯着我，想着下课拿我开涮。事实恰如我所料：即使我直到第二节课上课才回到教室，也仍激起了最后一排同学的议论。以往"臭味相投"的同学少不了抓住这个机会奚落、调侃我一番。

这似乎，又是一次失败的开始？

接下来，周遭的各种声音不绝于耳："怎么回事，你打算欺负老师？""祈风这是想当课代表啊！"……总之，没有一个人相信我确实是想好好学习。依照我以往的作风，更没有人相信埋头做题这么久不见成效之后，我还能坚持。

"近墨者黑"，不仅是因为墨黑，更因为近墨者本身存在弱点、缺点。在身边人的眼里，我本就是一个不坚忍、不安定、不靠谱的差生，谁都不认为我真的能做出什么正经事。我被禁锢于以往的坏习惯，以及自己以往留给同学们的固有印象之中。

"一鼓作气，再而衰，三而竭"，几次改变都没有见到预期的成效之后，我的一腔热血也渐渐凉了下来。此时的我举棋不定，进退两难。在我内心处于极度矛盾中时，身边的调侃嘲笑却从未停止。这时候就算我告诉他们我是真的想学习，我的话也只会被当作自嘲的反话，而自高中以来的一贯作风又让我不得不以戏谑的方式回应他们的嘲讽。

明明是真的想学习，可又不得不假装自己确实是在搞什么恶作剧；明明想寻一方安静的书桌，却不得不加入嘲笑狂欢的人群。终究是尝到了自己高一时种下的苦果，这样的挣扎让我身心俱疲、哭笑不得。

为了不让自己显得怪异，我只得压下心中的狂怒躲避这些嘲笑。如果我还如以前一般懵懂混沌，我会很开心地跟他们一起寻找这样的恶趣味，可当我心中出现了一个渴望进步、狂呼呐喊的声音之时，这样的心口不一就让人痛苦不堪了。

很多差生都面临这样的窘境，每一次想要改变，都会因为介意周遭人群的看法而半途而废。你的改变，在周围人固有的认知里，就是在作怪，就应该被嘲笑。此时唯一的破局之法就是做出足以改变周围人看法的成绩。要当英雄，就要在坚忍中积蓄力量、默默耕耘。

此时的我几近崩溃，可行动上却仍在死撑硬挺。不堪忍受之下，我一把拽过同桌的书立挡在面前，埋头装睡。下课铃、上课铃依次响起，我却像真的睡着了一样纹丝不动。

一道选择题盘旋在我的脑海中：是改变，还是如以往那般闭门造车，抑或继续漫无目的地玩闹？

又一声上课铃响起，生物老师走进教室，而我仍在发呆。

沉默中爆发：渐入佳境的听课状态

接着之前的计划，在听课上下功夫改进？我不知道自己是会进步还是又一次失败，但我很明确以后是摆脱不了周围的嘲笑了。

继续蜷缩在以往的舒适区？这样确实会让周围安静一些，虽然不论是大幅度增加学习时间还是海量做题的策略都失败了，但我总可以算是问心无愧了。这似乎是最稳妥、最舒服的选择。

可是，我真的甘心吗？我想要的难道就是半途而废、知难而退？别人的看法、嘲笑真的那么重要吗？心烦意乱之下我抓来了一本不知是谁的闲书，随手一翻，一句话映入眼帘："既然目标是地平线，留给世界的只能是背影。"

看着这句话，我愣了很久，直到一个声音打断了我："祈风，你觉得这部分内容有什么问题吗？"不知不觉中，我已经发呆半节课了。而生物老师喜欢一边讲课一边走动，走到我身边时发现发呆的我，便让我起立回答问题，但接下来的20多分钟课程却没有对我说"请坐"。我又一次被推到大家的目光之下。

起立直面老师，没法再和其他同学交头接耳，这让我在当时只有一个选择：听课。打开预习时整理的内容框架，专注老师所讲，我第一次切身体验到了预习的益处——尽管发呆了半节课，但凭借课前的整理，我还是跟上了老师的进度，勾画标记，忙个不停。

高中阶段，生物课本的每一个单元基本都是围绕一个试验或是一个生命活动展开知识介绍的，比如孟德尔豌豆杂交试验、光合作用、有丝分裂等。课前预习要做的，就是梳理这个试验或者生命活动的每一步发生了什么、产生了什么、有什么影响或目的。

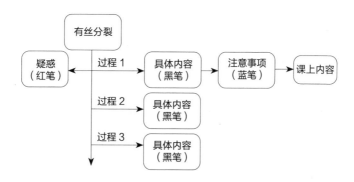

渐渐地，我进入了听课的状态，忘记了自己还是"戴罪之身"，仗着自己站着很显眼，不断举手提问，又因为站着不好写字，我把大部分的注意力都放在了老师的讲述上，笔记本上只飞快地简记了预习时没有想到的地方。课堂对于我而言第一次不那么漫长，20多分钟一闪而过。下课之后，生物老师见我仍问个不停，就领着我回了办公室。

虽然只认真听了半堂课，但我确实感觉到了不同，也看到了笔记本上多出的勾画标记。问完问题回到教室之后，我座位周围的气氛又一次被推上了高潮。可这一次尽管周围人仍不断拿我取乐，我却坚定了在听课上做改进的决心。

我们总是如此：想要改变却害怕徒劳无功，待在舒适区又感觉郁愤不得志，以至于站不直也躺不平，每走一步便坐立不安。前两次尝试没有成效让我在改变听课状态上畏畏缩缩，这时候最需要的不是说理，而是豁出去尝试一把，感受到不同后自然会信心倍增。

以往上完一堂课，我总是感觉"听了，但也没听"。如果有人翻出某个知识点给我看，我会很明确地知道老师讲过这部分内容，但如果没有人翻出来给我看，我一定是没法完整地叙述这部分内容的。而这一次，我能回忆起这堂课内容的主体框架，能回忆起老师对我问题的回答。

延伸到知识点的背诵记忆上，我的感受更是不同。我发现，仅仅课间的几分钟，我就把上节课的内容记了个八九不离十。我忽然间明白了家辉为什么记东西那么快，也明白了为什么老师们总在强调听课的重要性。课上的学习不仅比课下更有效率，还能帮助学生建立知识框架，而这是课下胡乱摸索所做不到的。

上课挣扎纠结的 20 分钟什么用都没有，起立听课却阴差阳错地给了我信心，这让我意识到，胡思乱想只会拖累你前进的步伐，确定方向，然后去做、去尝试、去改变就够了。有目标，就去做。

学与问：突飞猛进的数学成绩

踌躇不定良久，半节生物课却意外地让我明确了自己的问题，更认准了上课的关键在于解决问题，"学问"两字万万不能忽略"问"。既然明确了问题所在，我就没有了顾虑；精力有限，那我就先挑一科作为重点——数学，就是你了！

高二上学期，数学的学习开始进入深水区，或圆锥曲线，或导函数，这两样都让我头疼不已，习题集上的大题成片成片地空白。我又该如何主导课堂呢？

我做不到像家辉那样仅靠课本知识就能举一反三，那我就钻研例题从中找到重点、难点。

高中阶段的数学课往往是这样的：要么是老师讲解完一个概念，让同学们做题加深理解；要么是老师讲完一部分内容之后，专门拿出一段时间让同学们练习相关题目并讲解。这时候，之前做过的题目就成了我最好的养料——每次预习勾画标记完课本上的内容后，我都会通过做题来促进理解。

课本上的例题和《5 年高考 3 年模拟》上的典型题目可以说是理解重难点最好的养料。每次我都是先尝试自己做一下，然后对照参考答案，解析中"看不懂"和"想不到"的部分就成了最需要我注意的地方。所谓"看不懂"，就是没有理解解题步骤之间的逻辑或是没有理解公理、定理的用法；所谓"想不到"，就是一些做题的巧思，这在导函数部分尤为重要——有些题目尝试代入 $x=1$ 就能化神奇为腐朽，有些题目改变正负号、多项式中某项的位置就能迅速简化为最常规的题目。要做对数学难题，不积累这种巧思显然是不行的。

对于这类问题，该如何向老师或者身边会做的同学请教呢？毕竟和老师交流没有和同学沟通顺畅，何必大费周章呢？这样想似乎有一些道理，可是请教老师只是为了寻求一个答案、一个解答过程吗？一定要遇到不会的问题才找老师吗？

我认为，询问老师有两个目的：一是寻找自己思考的漏洞，二是寻找更加常规的方法和思维逻辑，让思考方式不再出人意料。

与大多数人只是想找人解答某个特定的问题不同，关于"问"老师，我当时的做法是，由我来给老师讲解我想"问"的题目，把我最完整的思维逻辑展现在老师面前，请老师指点。毕竟很多时候只有真正把自己的理解讲出来，你才能发现自己的漏洞。

之后每学一个知识点，我都从参考书或课本上找出最典型的题目，随身带着，并思考解题关键和不同的解题方法。如此一来，数学难题不再让我感到畏惧，就算不能完全解出来，我心中也会有比较完整的解题思路。老师常因为我的思路新奇而让我当堂讲解，我的座位也逐渐成了课下讨论题目最热火朝天的地方。我俨然成了班里的第二个数学老师。

虽然这期间没有任何一次考试给我重新排名的机会，但已经没人再把我当作以往那个差生了，周围的奚落嘲笑消失了。更令我惊讶的是，不知从何时起，最后几排的同学似乎被我感染，课下的嬉闹少了很多，课上的氛围好了不少。这样"张扬"的学习方式，让我直接带动了整个班级学习氛围的提升。

"问"或者说"讲"成了我最主要的学习方式，讲解得多了，心中的问题自然也就少了。我每日要总结整理到很晚，甚至好几次因为在教室待到太晚而被锁在楼里。与之前不同的是，此时的我不再需要一分一秒地计时，逼自己在教室里学习，在对一个又一个问题的思索之中，时间过得飞快。

期中考试终于来了。

终于等到你：期中考试

自打进入高二，我没有一刻不在期盼着考试：刚开学时期盼考试，是因为暑假坚持健身的同时我还每天花时间预习、做题；开学一段时间后期盼考试，是因为我成了那个每天待在教室学习时间最长的学生；第一次月考之后期盼考试，是因为我每科都比别人多做了好几倍的题目；而此时期盼考试，只因为我对自己充满信心。

或许是为了让大家更重视这文理分科后的第一次正式考试，期中考试语数外三科的难度很大。每科 120 分（含 20 分附加题）的语数外，考前我就为自己制订了计划：保住 100 分常规题的正确率——贪多嚼不烂，何况题目很难，在前面的常规题失分就得不偿失了。

不能好高骛远，我要实现最稳妥的进步。抱着这样的想法，我走进了考场。第一科是语文，题目比较难，而我的语文水平又很一般，结果就是所有题目都答得很快，因为实在不太明白题目想问什么、自己该答什么。做完之后反复检查了几次，搜肠刮肚之下还是没法再对原来的答案进行改进，特别是选择题，似乎越检查越不知道该怎么选。

在考场上，不管哪一科的选择题，都不要检查太多次。如果没有十分的把握，改答案要极为慎重。考试最后一段时间的检查并不能让你像初次做题时那样充分思考，这时候你以为的灵光乍现，很有可能是因为看错了某个题目条件。

"不管了，既然不能有所改进，那还是把附加题做了吧！"

第二科考数学，我突然发现一切显得那么得心应手，虽然因为题量和难度没能留出检查的时间，但数学考试的状态和投入让我感受到了以往从未体验过的顺畅和信心。这一次，我确定自己做得很好。数学考试像是一桶焦油泼在了信心的火苗上，我好像已经看到了自己的进步！

之后是物理、化学、生物、英语，揣着数学考试带来的信心，我觉得我找到了自己的节奏。

两天的考试很快结束，接下来是漫长的两天等待。开学三个多月后，期中考试之后那个周六的上午，我正和班上几个同学在球场上打球，忽然篮球场门口飘来一个声音："祈风，小陈来教室检查了，正找你呢，快回教室！"

学校规定每周六的上午是留给学生自习的，所以周六上午老师一般都不会来学校，再加上期中考试的试题似乎还没有批改完，我的作业习题也早就超前写完了很多，所以那天才去了球场。小陈的突然袭击让我们措手不及，几个人听到这句话像是听到防空警报一样撒腿就往教室冲。

我们气喘吁吁地冲上四楼，远远望去，小陈正直勾勾地盯着楼梯口的我们。

惊天逆转：1000 多名的飞跃

和我一起去打球的都是坐在最后几排、平时会时不时一起调侃小陈的同学，此时他们却像老鼠见了猫一样蹑手蹑脚来到小陈面前，动作整齐划一：挠着头，猫着腰，尴尬地看着小陈，点头从嘴里挤出一句"老师好"。

小陈："这几个同学是哪个班的啊？"

我们："老师，六班的，我们错……错了。作业都写完了，就这一回，就这一回。"

小陈："还知道自己是六班的呢？进来吧，到讲台上让大家看看。"

紧接着，我们几个就被拎到了讲台上，成了小陈表演的"道具"。在挨个儿点名批评我们，并向大家反复强调周六上午是用来干什么的之后，小陈清了清嗓子：

"你们几个，站到讲台中间。祈风，把投影仪打开。"

编排好我们几个之后，小陈终于回到了正题："首先恭喜大家，这次期中考试，我们班的平均成绩是年级第二，我们班很多同学都进步很大。"这个平均成绩让我十分惊讶，因为一班、二班的同学从高中入学起就是优中选优，那两个班的成绩也一直稳居前两名，我们班则一直排名第五，这样的整体排名无疑是在说班里大部分同学都有所进步，然而打开投影仪之后我才发现，我的惊讶不止于此。

因为我们几个是在讲台上站着的，所以一直背对着大屏幕，投影台上的成绩单又离得太远，所以我们看不到成绩。就在我们几个都抓心挠肝地想要知道自己这次考得如何时，台下的同学都已经看到了自己的成绩。而更令我疑惑的是，大家在看到自己的成绩之后没有像往常一样讨论，反而是带着惊讶把目光投向了台上的我们。

终于，小陈让我们回到座位上，我瞬间成了小团队里的焦点：我在成绩单的最前面几个名字里看到了自己——祈风，六班，班级排名第四，年级排名第十六。年级排名第十六！我瞪大了眼睛，反复确认自己是不是看错了。

1000 多名的飞跃！数学 118 分，英语 86 分，语文 85 分，生物 95 分，化学 86 分，物理 74 分。其中数学单科第一，比单科第二高出了 15 分！

小团队沸腾了，其他几个人急忙查看自己的成绩，竟全都有不小的进步，理科年级排名都至少有两百名的跨越！小陈依旧在台上滔滔不绝地重复着他的台词，班里的气氛却从沉默走向了火热，太多目光投向了我：眼神里有羡慕、有惊讶，还有一份不太一样的东西——敬意。

如果周围的环境不适合学习，那就尝试换一个环境，或者大胆一些，让自己改变周围的大环境。"广播式"的学习方法和追着周围同学讲题的做法确实让我周围成绩较差的同学受益不少，不知不觉间，我竟成就了班里学习的大环境。

身处这样的圈子，让差生安稳自然地听你讲题、一起学习，一开始确实是一件很难办的事情，但在高中男生中，一句"你赌不赌"就会让情况截然不同。每次有想不明白或者十分经典的题目想要问或想要讲，我都会挑衅似的随机逮一个周围的差生并对他说"我赌你必定做不出这道题"。如果他没做出来，那就嘲讽一句"这你都做不出来"，接着你就会见到这个世界上最勤学好问的差生。要知道，即使问了几个人都不会，几个人分头找其他人问也比自己一个人找人问要节约不少时间。

于我而言，崭新的时代开始了。

期中考试之后：自我审视与重新定位

关羽水淹七军之后紧随而来的是大意失荆州。按照我以往的作风，这次的飞跃之后应是喜不自胜，而后迅速向另一个极端滑落。但出人意料的是，这一次我保持了清醒，暑假时看到的那个从佝偻到挺立的身影出现在了我的脑海里。

与初中时的误打误撞不同，三个月来我咬牙忍受着嘲笑，不断尝试改变学习方法、寻找自身问题、突破他人的固有印象……找到问题，不断尝试不同的解决方法，为自己创造良好的学习环境，然后是改变和坚持，并终见成果。站在旁观者的视角，我看到了自己的成长。

我蓦然发现，没有什么比经过努力给自己带来进步与成长更能令人满足、让人自信的了。让别人认可自己的前提是自己足够强大，一味追求他人的认同而忽视了自己，到头来得到的只能是跟风、嘲讽。同学们开始真正认可我了，原因恰恰是我不再迎合讨好，而是有了自己的想法、自己的追求、自己的坚持。

将注意力放回自己身上，此时的我非常清醒。因此，周日放假我做的第一件事就是剪掉了装点个性的斜刘海，而后大睡一场，扫除一身的疲惫，之后我拿起这一次考试的试题，开始了新一轮的分析。

首先是这一次的成绩，毫无疑问，数学是我的绝对优势。但反观其他科目，就显得不那么乐观了。

语文、英语换算到百分制，成绩还是在 70 分左右，因为题目很难，没有多少高分，这就让其他人很难在这两个科目上领先我太多，更是让平时发挥很稳定的同学吃了大亏。再加上有些班根本就没有提前被告知附加题的存在，这让不少人误以为附加题不计入成绩，从而给了我很多便利，也让我在数学上的优势更加凸显。

对于生物、化学，此时的我更偏向于记忆，或许是为了中和语数外三科的难度，这一次考试对于这两个科目更侧重于基础知识的考查。即便如此，这次化学考试中稍有难度的题目仍给我造成了不少困扰。我在这两个科目上确实没讨到什么便宜，只是因为题目简单而没被甩下太多。

至于物理，和以往相比这次确实进步不小。但进入高二之后，所接触的知识更偏向磁场、电场，而这部分内容还没有学完，所以题目更程式化、套路化，不像力学部分的题目那样灵活多变、注重理解。综合来看，物理其实也是我的弱势科目。

这么一看，如果不是因为分科分班、学校换校长等事件让这学期的几次考试组织得比较粗疏，试题选择也不太细致，年级第十六名显然不是当时的我能拿到的名次，一百名左右才应该是我更准确的定位。

那个佝偻的身影再一次浮现在我脑海中：先是站起来，然后是接水、脱衣服、穿衣服、走路，到最后的奔跑。他在不断进步，知道自己追求的是什么，那我呢？

做自己的领路人：规划与目标

"年级第十六名，这就够了吗？下一步呢？"

这一次，我希望自己脱胎换骨，获得持久的动力而不只是昙花一现。因此，我需要对接下来的高中生活有一个清晰的谋划。

暑假在健身房遇到的残障人士有一个很明确的目标——想实现生活自理，所以他想站起来、跑起来，想自己完成穿衣服、脱衣服、接水的任务。那我为的是什么呢？是别人的认可吗？可我最具满足感的时候是终于确定自己找对学习方法的那节生物课，是每天晚上伸懒腰才突然发现教室已空而脑袋已满时。

学习或者说读书是为了什么，我并不明白，但这三个月的不断尝试、努力让我真正感到满足，和不同同学的不断交流也让我不再对很多事情看似了解，实则全然无知。面对成绩好的同学，涌入我脑海的不再是"努力""天赋""人家就这样，没办法"，而是他的学习习惯如何、各科优势在哪等。这三个月我再也没有浑浑噩噩的感觉，世界显得更加清晰，我在不断尝试、调整方向中多出了一分"我一定行"的豪气。

我开始逐渐有了自己的行事准则，不再如以往一般或人云亦云，或只图博人眼球。虽然我仍不知道大学会是什么样的，更不知道大学会对未来的生活有多大的影响，但我明确了一点：更努力进取的人心里有更宽广的世界，而我不想再如以往一般被情绪、他人的看法支配，浑浑噩噩、恍惚度日。

高中三年有一个很重要的目标，那就是高考，健身房遇到的残障人士的目标是实现生活自理，那我的目标就是在高考打一场胜仗。如何衡量"打胜仗"呢？我知道的好大学只有清华北大等，既然如此，为什么不考虑上清华呢？对此，我首先需要定位：要上清华，各科需要达到多少分？全省排名要达到多少？全校排名又要达到多少？

时间来到周日晚上，这一次，没等小陈找我，我就早早来到办公室等他。我想要近些年一中一模、二模、三模年级前三十名的各科成绩，高考前三十名的成绩和最终去向，还有本省近些年的高考单科纪录。这些东西学校都整理过，小陈这里都有。

就单科成绩而言，本省的历史单科最高分为：数学 150 分，英语 150 分，语文 129 分，理综（即理科综合）295 分。清华北大的录取分数在 650 分以上。而具体到一中，大部分年份都有一两个学生能考上清华北大，这些学生的一模、二模、三模成绩无一例外都在年级前三十名，大部分稳定在年级前十名。这些同学最后的高考分数基本都是数学145分左右，英语135分左右，语文110分左右，理综275分以上。

确定目标要切合实际，省历史单科最高分基本标定了每一科的天花板，除非天赋异禀，否则还是想办法提升弱科更为妥当。如果仅以时间论，假设从60分提到85分需要两个月的时间全力以赴，那么从85分提到90分就需要半年，从90分提到95分就需要一年，再想往上提升，除了时间之外就还需要天赋和运气了。所以，制定合理的目标是重中之重。

对于我所在的学校来说，年级前三十名其实都具有冲刺清华北大的能力，其中年级前十名无论心态还是考试技巧都更为稳定，更容易发挥出自己的真实水平，而靠后一些的就需要运气好，心态好，超常发挥了。

结合学校的教学特色（语文与英语并不是我校优势学科），我给自己定下了两个目标：短期而言是下一次考试进入年级前五十名，高二结束前进入年级前十名；长期而言是高考数学150分、英语130分、语文105分、理综280分。只要能保证稳定在这个分数，考上清华就有很大的把握。

"清华"这两个字不再遥不可及，尽管依旧悬于高处，但我觉得我可以抓住它，一定可以。

手握"重权"：换座位

明确了自己的想法之后，世界渐渐变得清晰。

一天，小陈对我说："祈风啊，你觉得咱们班的座位怎么调一下呢？我想每次考试之后都让大家换一次，趁着高二让整个班的风气焕然一新。"

一直以来班里都是六个人为一个小组，五十二个人分了八个小组，每个组的六个人坐在一起，剩下我们四个没法管教的差生一直被扔到最后排的角落里。小陈的通常做法是把学生按考试排名编号，按成绩从高到低分为六个梯队，每个梯队八个人，然后在每个梯队中挑一个人组成一个六人小组，成绩最好的同学作为组长。这样做的目的是让一个小组里每个分数段的同学都有，大家可以相互请教。

但这样做的问题在于没有考虑同学的学习习惯和之间的关系，比如许多差生的感染力、人缘要强于成绩好的同学，与此同时，成绩最好的组长往往埋头苦读，不擅组织，不能服众。虽说"近朱者赤，近墨者黑"，但把"朱"和"墨"放在一起，很显然，"朱"也会变成"墨"。

小陈想改变这样的风气，我建议让最有号召力同时成绩不差的几个同学做组长，然后按照同学之间的关系和学习习惯编排小组。由于小陈对学生的具体喜好和学生之间的关系等并不了解，所以就让我回去根据成绩单拟一份小组名单给他，而他则继续帮学生分析成绩。

一场交谈下来，这个晚上我除了思考下一步的主攻方向，又多出了一个新的任务，此时我才真正意识到这三个月自己做了什么：瑞瑞和家辉喜欢自己默默钻研，应该给他们搭几个好问的同学；阿亮思考问题总是比比划划、手舞足蹈，而且听别人讲解时总是走神，但好在他在老师面前很乖，应该让他坐在讲台下的"雅座"；韦天很有号召力但很怕老师，嘴上虽然不饶人但请教人时却很懂得尊重他人，只是很多时候拉不下面子请教成绩好的同学，应该……

我惊讶地发现，在这三个月时间里，我认真比对了班里几乎每一个同学的个性特点、学习方法和习惯。学习知识的同时，注重朋辈教育，从每一个能够接触到的同学身上汲取能量，这是我这段时间做的另一件事，这件事意义非凡。

只是名单还没有拟完，意外就出现了。不知小陈给谁分析成绩时透露了他让我安排换座位的消息，陆陆续续有同学找我说自己想跟谁一组、不想跟谁一组。我也得以看到了班级的另一面：有太多同学把心思放在了处理复杂的关系上，商量换座位的理由很多并不友好。

喜欢谁、不喜欢谁，这样的个人情感可能被部分中学生看得极为重要。有些同学会找我再三说明自己想跟谁坐一起、不想跟谁一个小组，但往往这些同学最终在人际关系和学习成绩上都会有不小的问题。高中阶段把心思放得更单纯直接一些，可能更容易将学习成绩和人际关系都处理得不错。

虽然口头上答应了各种请求，但最终我还是按大家的学习习惯安排的座位。

久而久之，我发现班里的学习氛围好了不少，周遭氛围的改善大家都感受得到。大家虽然嘴上不会说，但明显更喜欢这样的环境。

按自己的想法营造了一个更适合学习的环境让我倍感自信，是时候换一个主攻方向了！

不通用的模板：又一个困境

我在高中阶段总能听到这样的声音：数学和物理不分家，基本没有数学成绩好但物理成绩差的人。既然如此，我为什么不把自己的下一个主攻方向定在物理上呢？

经过之前的分析，我十分清楚自己数学成绩突飞猛进的原因：一方面是大量做题，积累了较多的答题经验，考试时试卷上的题型基本都见过；另一方面得益于和老师、同学的不断讨论，以及自己向其他同学所做的讲解，这些让我对各种解法都烂熟于心。高中阶段的数学题目都是有模板可依的，解题模板的积累和做题速度的提升让我在考试中占尽了优势。

简单地说，我通过不断地讨论、讲解，把大量解题模板记在了心里，在考场上见到的几乎都是做过的题，属于举三反一乃至举十反一。甚至可以说，高中阶段的数学更多是用题目解释概念，所以才有那么多题型、模板，每个模板对应一个概念的一种用法。

这次数学考试的成功似乎给了我学习物理可借鉴的方法：刷题并不断地提问、讲解。可真正实践起来，效果却截然不同。

有了之前三个多月的学习、积累，我的物理成绩也达到了年级平均水平，这时候想要进一步提升，就要动动脑筋了。我开始通过刷题促进理解，可随着做题量的增加，我发现数学题即使不会做，我也能看出它想要考哪些知识点，依照这些知识点理出一些答题思路；可物理题往往瞄准一个公式来考，明明知道要考的是什么，可偏偏抓不住重点，理不出答题思路。结果就是，习题集上往往是整页整页、一小节一小节的空白。

如果说高中阶段的数学是用题目解释概念，重点在于题目的话；高中阶段的物理就是用概念延伸出题目，重点在于对概念本身的理解。

和数学课本上每一小节都有好几个定义、定理、推论不同，物理课本上往往是一整章只有一两个核心公式，比如：$F=ma$、$f=M \cdot Fn$。所有的题目都是在此基础上延伸出来的，理解不了概念的话，答题时完全没有思路，别说向别人讲解了，可能连问题究竟是什么都说不清楚。

一辆负重的小车向前行驶的问题在数学上可能是同一类问题；但在物理上，重物上有没有绑在墙上的绳子，考不考虑摩擦力，各个接触面的摩擦系数是多少……这些都会导致看起来几乎一模一样的题目有着全然不同的情境。

这时候再去做题只有一个结果——疯狂打击自己的自信，因为所有题目只会给你传递一个信息：你，搞不定我。这时候再不掉转努力方向，只会事倍功半。显然，物理这种注重理解与思考的学科，需要的就是举一反三的能力，走老路子是行不通的。

可我就是没办法从课本的描述中提取到定义和公式背后的信息啊！难道物理是只有高智商的人才能学会的吗？

牙牙学语：物理，一门语言

"又是天赋？"这个问题又被甩到了我的面前，既然如此，我就看看公认的最有天赋的人是怎么学习这一科的。又一次，我把目光瞄向了家辉。

课上我已经找到了自己的节奏，也舍不得再把这宝贵的时间用在观察别人身上，所以决定在课下多花些心思。就这样，课下借书、借笔记、借习题集又成了常态。

这样借了几天之后，我泄了气，心中充斥着两种情绪：无奈和好笑。原因在于：家辉的笔记本和课本我已经参考过不知多少遍，没什么特别的；但如果把目光投向他的作业和习题集，更是一无所获，因为他是真的不写；可如果有问题问他，他又每次都讲得头头是道。我只得庆幸最开始没有把物理作为突破点，不然这时候我肯定会陷入自我怀疑。

学不来家辉的学习方法，那不如单刀直入，每次课下都直接把家辉从课外书堆里逮出来，问他对重点公式、概念的理解。对于做过的物理题，即使自己做出来了，也要找家辉再问一遍。家辉对此倒并不抗拒。

久而久之，家辉逐渐成了我的翻译官：在高中阶段，如果说数学是一种语法，那么物理就是一种语言。数学会明明白白地告诉你已知条件，它更看重结果；物理则会把诸多条件都藏在叙述里，需要你自己去分析判断，它更注重过程。

数学题会直截了当地告诉你：我需要求双曲线的方程，按照所给条件求解即可。物理题则往往表述为：一辆在粗糙道路上行驶的小车，受到大小为 F 的牵引力，小车匀速行驶；若牵引力 F 变为 f，请分析小车的运动状态。看到"粗糙道路"，我的第一反应应该是小车可能受到摩擦力；而看到"匀速行驶"，则应该分析出小车现在处于受力平衡状态，所受合力为 0。所以这道题实际上需要我分析的是一辆受力平衡的小车，突然受到 $\Delta F(f-F)$ 的力之后运动状态的改变情况。如果小车会减速，那么在小车的速度减为 0 时，还需要考虑 f 是否大于小车的最大静摩擦力，能不能拉动小车继续向前行驶。物理题中隐藏了很多内容，你的分析、求解也在不知不觉中成为题目条件的一部分，影响下一步的思考与作答。

物理书上会明明白白地写出"力的作用是相互的""力是改变物体运动状态的原因""摩擦力产生的四个条件"，但物理题中不会提到或问到这些状态。你需要根据物体运动状态是否改变来确定是不是受到了外力，需要先去看物体是否满足摩擦力产生的四个条件，需要……总之，物理题不会像数学题那样明明白白地告诉你平行或垂直、椭圆或双曲线，你需要自己先判断题目中的真实条件，再完成分析。

家辉实在是我的福星，我总能从他的身上借鉴到一些东西。这一次，我意识到，我对这些基本概念、底层逻辑的理解还是不到位，以至于摩擦力不存在时我会在物体上标出摩擦力；明明某个外力已经被用于提供加速度了，我却在受力平衡分析里又加入了这个外力。

"这样的情况，得改！"

这一次，我又用了笨办法。首先是认真标记课本上的重点概念，不管是做题还是看书，但凡看到一个受力分析或是电路，即使题目不问，我也一定要强迫自己分析它的受力、电路，看物体满不满足摩擦力产生的条件、磁场中的受力方向如何等。眼过千遍不如手过一遍，我还总会把这些基本概念和受力分析写在分析对象的旁边。

改变了努力方向之后，我发现自己分析物理题的速度慢了不止一半，三次小测下来，我都因为做得太慢而留下大片空白，但我很确信自己对问题的分析更加透彻了，做题的正确率也提升了。

虽然在三次小测中物理只有一次及格，但我却十分相信：我正走在正确的道路上。

巅峰时刻：六班"男子天团"

虽然已经取得了巨大的进步，但我总觉得有些不踏实。期中考试之后我其实背负了更大的压力，生怕下次考试出什么闪失，自己又被打回原形。

就在这种忐忑中，我迎来了一个"转机"。一天下午，小陈走进教室，宣布学校要组织啦啦操比赛，让有意愿的女同学报名参加。然而，在小陈宣布这个消息几分钟之后，教室里仍是一片寂静，可能是六班的女生都比较害羞，也可能是小陈的办事风格不招女同学喜欢……总之，没有一个人站起来。

看到半天没有人起来，小陈也愣了半响，先是好声好气地哄着大家报名，发现仍没有人站起来后，小陈怒了。眼看小陈就要大发雷霆，无奈中，我站了起来："我报名。"话音落下，在小陈夹杂着欣慰和呆愣的目光中，以我为中心，先是之前抱团嘲笑我的那群"损友"，接着几乎整个班的男生都陆续站了起来……

就这样，高二年级二十八个班，二十八支啦啦操队中唯一一支全男生队伍诞生了。

这样的场面在电视剧中出现，或许会让人觉得十分尴尬，但真正经历过后我只感受到了震撼：期中考试之后，我收获了同学们的尊重。

终于来到比赛那天下午，随着音乐的响起，一队男生走上了舞台。或许是因为不少人都看到过我们排练，或许是因为我们是唯一一支全男生队伍，我们收获了最热烈的掌声和欢呼。

大家都有些紧张，生怕做错了哪个动作。整段表演下来，现场气氛异常热烈，欢呼声不断。或许是为了鼓励我们，我们的队伍拿到了二等奖里的第一名。

颁奖台上，我们都涨红了脸，用一张薄薄的奖状完成了对自己的加冕。

水到渠成：期末前的月考

跟一群人一起合作，而后收获荣誉，并互相鼓励，没有什么比这更能凝聚人心的了。

同学之间相处久了，相互讲题、讨论作业自然是少不了的。不过和之前不同的是，期中考试之后，我不需要再挑衅打赌，不需要再激将，也不需要再专门抓人讲题，以往的"损友"们会自发地拿着书本来问我。

毕竟，谁不希望自己能取得更好的成绩，赢得更多的肯定呢？很多时候，成绩差的同学只是缺少一个信念——我也能逆袭，而当我顶着他们的怀疑、调侃一路坚持，实现逆转之时，我就恰巧充当了这样的一个榜样。

在日复一日的坚持和改变中，期中考试已经过去了一个月，验证我这一个月调整改进方向的做法是否正确的时刻到了。我对自己在月考时实际水平的定位准不准确？我这一个月的努力方向是不是对的？如果能达成以下两个目标，就说明我的判断是准确的：年级排名进入前五十，物理成绩有比较可观的进步。

三天的月考一晃而过，考完之后我只有一个印象：考物理时我虽然没有像平时一样翔实地画出所有受力分析，但我确实做得很慢、很仔细，甚至可以说是小心翼翼，以至于有 20 分的题目我已经没有时间去做了。

考完之后我有些沮丧，想着排名进入前一百名，物理成绩和上次差不多就行了，毕竟还不熟练。或许上天不想在这个时候再打击我的自信，月考成绩公布：祈风，年级排名四十一，物理 80 分。

物理 80 分！这意味着试卷上所有我答的题目都拿到了满分，这次方向的调整简直是大获全胜！

我高中阶段学不好物理的原因主要有两个，一个是对概念的理解程度、敏感度不够，另一个则是分析时的缺漏。复杂的运动状况往往涉及很多不同的力，分析时确实很容易遗漏。做受力分析时硬性规定一个顺序，就可以很有效地规避这样的失误，比如先分析重力，再分析支持力、摩擦力，最后再分析外力。

悬着的心终于放下了，这样看来方向是对的，那我在物理上所欠缺的就是熟练度了，是时候把目光瞄准另一个弱科了。生物、化学并没有被落下，而我经过对往年高考成绩的分析，发现语文的提升空间显然没有英语大，英语也就自然而然成了我的下一个目标。

此时离期末考试还有三周左右，我想在这学期的最后再突破一个瓶颈，再创造一个奇迹。

转战英语：初显疲态

与攻克其他科目一样，既然确定了将英语作为下一阶段的主要目标，那接下来就要确定该怎么学英语了。

虽然我在数学和物理上取得了很大的突破，但这样的学习方法显然不适用于英语。那该当如何呢？再把目光投向家辉？可英语同样也是他的短板啊。英语、语文这两科的薄弱似乎是我们学校所有学生的通病，英语考试90分以上的学生用一只手都能数得过来。

此时我已经用三个月实现了数学的飞跃，用一个月找到了物理的突破口，但现在，我发现自己在英语上竟找不到可参考的模板。

都说英语和语文是注重积累的科目，家辉语文成绩好就和他整日埋头于诗词集等有着不小的关系。离期末还剩三周多，像这样积累显然是不切实际的，况且我现在最大的问题似乎是生词太多、不懂语法以至于看不懂文章，那我就把精力投在单词和语法上吧！

月考之后，我开始整理英语笔记本，誊抄各种句式、语法；同时，阿亮书立和桌面上贴满的励志标语激发了我的灵感——阿亮可以把这些励志标语记得很牢，那我为什么不用同样的方法记单词呢？

便利贴确实是一个可以帮你把碎片化时间利用起来的好工具，把琐碎的知识点记在便利贴上并贴在最显眼的位置，这样一来诸如课间十分钟从洗手间回到座位之后、上课铃响之前的碎片化时间，你的目光便在接触到便利贴的一刻找到了归宿。

说干就干，我开始在便利贴上誊抄单词和语法并贴在桌面上。一开始还只是零星的几张，但当我想起期末考试只剩下不到三周的时间时便慌了神，而后便利贴几乎铺满了桌面，一天中大段的时间被我用来抄写和背诵单词、语法。与此同时，我还要保持新培养起来的各种习惯。

可是，"人力有时而穷"，我并不是一台不知疲倦的机器，之前几个月的极力赶超已经让我"超负荷运转"了，再次骤然加大的任务量让本就不多的时间和精力显得更加捉襟见肘。而此时的我显然没有意识到这一点，一张张写满的便利贴贴在面前，仿佛在呐喊"我们就是你今天的成果"。看得见摸得着的成果让人十分满足。

随着任务量大大增加，我的时间几乎已经被压榨到了极致。时间不变，任务量剧增，这必然会导致一个问题：任务的完成度大大下降。于是我开始偷工减料，不管是课前的预习还是课后的整理都不再那么用心，一门心思扑在单词和语法上，这就影响了听课的质量。

不能高效利用课上时间，那就要占用更多的课后时间，可课后时间本就不足，那就只能压榨睡眠时间、降低任务质量，而这又会反馈到课上时间的利用上。我开始陷入一种恶性循环。

三周时间，我只觉左支右绌、手忙脚乱，可桌面上满满当当的便利贴、密密麻麻的知识点又让我十分满意自己的努力。就这样，我陷入了一种奇怪、矛盾的感觉中。

期末考试：波澜不惊

三周的准备之后，我终于挨到了期末考试。

这时的我很难判断自己这段时间到底处于什么样的位置，每日的疲惫和用光的笔芯提醒着我所做的努力，可我心中又有一种强烈的不踏实的感觉。或许真的是因为太累了，再加上每日的英语任务又占据了我太多的时间，我隐隐感觉自己的大脑似乎停止了思考。

每天一定要留出至少10分钟清醒的时间来反思自己的状态。这时的我已经因之前几个月的超负荷学习而疲惫不堪，以至于又掉进了"我觉得我努力了"的陷阱里，每日做着无用功，收效甚微。这种疲惫混沌的状态让我很难反思自己，更别说做出调整了。

我到底有没有进步？这样的做法到底有没有效果呢？我的

心头悬着一个大大的问号。好在期末考试很快就会给我解答这个疑惑。

这次期末考试在我的记忆里没有什么存在感，考完之后只觉得疲惫，之后的几天，学校开始发放各类试卷当作寒假作业。而整个学期如同机器一般不知疲倦的我却像是进入了冬眠状态，陷入了静默——期末考试后的几天时间，学校不安排课程，让学生自习，而我的自习科目似乎只有一个——睡觉。

考完大概三天后，睡梦中同桌叫醒了我："祈风，祈风！小陈叫你呢，让你去他办公室。"

走进办公室，小陈一脸窃笑地问我："祈风，你觉得这次考得怎么样啊？"

我："一般吧，这次没有期中考试时那种明显的进步感，不过应该不至于很差。"

小陈把成绩单递到了我的面前：祈风，年级排名四十八，英语 74 分。物理有所进步，但英语却是不进反退，虽然没有退步多少，但也让我意识到方向错了。

在这整个学期之中，我连吃饭、睡觉、上厕所都给自己定时定点，生怕浪费一分钟。看完成绩之后，一百多个日夜的疲惫感沉淀在了那一刻，眼皮上像是挂了千斤坠，止不住地想合上。

对于这个成绩，我并没有失望，反而松了一口气——这学期，我努力了，进步了，保持了。此刻我只想睡觉。

小陈却像是没有看出我的状态一般，自顾自地分析着成绩：一边带着欣慰说自己没有看错人，我这学期的努力让他很感动，整个班的学习氛围也变好了不少……

考试之后，寒假来了。

高二寒假：如释重负

就像水库上游蓄满了水急需倾泻一样，寒假的开始终于打开了闸门，霎时间，疲惫感与成就感同时奔涌而出。

这注定是一场"冬眠"，假期的前几天我除了吃饭之外，都是在睡梦中度过的。经过足够的休息，我迫不及待地奔向了一个地方：遇到那位残障人士的健身房。我想看看他还在不在那里，想知道他是不是还在坚持健身……

下午三点，我如愿见到了他。他仍旧有些驼背，走起路来身体还是有些不协调，不过相比于高一暑假我见到他时已经挺拔了太多。几个月不见，他的训练项目已不再局限于之前的站起来、穿脱衣服、接水和走路了，他已经开始进行一些力量练习，健身房的拳击沙袋成了他最好的健身伙伴。

再次踏入健身房，我的心态和高一暑假时截然不同。此时健身已不再是为了锻炼身体或是向同学们炫耀自己的好身材了，它成了一种见证、一种象征，甚至可以说是它促成了我思想的转变，看着我脱胎换骨、涅槃重生。几个月过去，我收获了成绩，收获了信任，收获了尊重，此时我只觉得自己和这位残障人士简直就是这间健身房里的两大奇迹。

就这样，我又开始了自己的健身旅程，不过心情不再像之前那般沉重了。

健身之余，我也在思考自己这一学期的所作所为：毫无疑问，这是奋斗与收获的一个学期，我只做了两件事——寻找适合自己的学习方法，然后坚持。

此时我的数学单科成绩基本可以稳定在年级前五名，每次都能做对所有的题目，分数大多扣在了答题过程上，数学是我的绝对优势科目。物理、化学、生物三科基本排在年级三十到八十名，分数在 85 分左右。但语文和英语就差得很远了，70 多分的成绩让数学的高分显得如此无力。

现在每一科的满分都是 100 分，到了高二下学期，语数外的满分将变成 150 分，到时想要补上亏空就难如登天了。但考虑到语文确实没什么提升空间，而我的语文成绩也说得过去，加上一中普遍偏科，所以语文维持现有的水平就好。

至于英语成绩，确实该提一提，不过大家都说语文、英语需要长时间的积累，显然不是三周就可以见效的，记单词和语法也不一定就不是正确的方向。

"大家都说"是我们很多时候的判断标准。如果大家都擅长英语，那听大家的没有问题；但如果大家都不擅长，那"大家都说"很可能就是大家不擅长的原因。不能让他人的偏见成为你进步的桎梏。

一番思考过后，我觉得维持现在的学习方法是最稳妥的。语文、英语静观其变，不过英语誊抄背诵确实花费了不少时间，影响了其他学科，而数学、物理等科目目前来看最需要的就是做题、练习，那就把英语誊抄背诵的时间分一些出来做题！

我觉得自己已经掌握了各科的学习方法，接下来就应该使用最简单有效的"题海战术"了。寒假期间养足精神，开学就是我大展身手的时候了！

算上过年的一周，两周多的寒假一晃而过，而接下来的一个学期将教会我一个道理："人类从历史中吸取的唯一教训，就是人类不会从历史中吸取任何教训。"

高二下学期：新的开始

进入高二下学期，高中阶段新知识的学习基本进入了最难的阶段：数学开始学圆锥曲线，物理开始学最复杂的磁场，化学开始学离子反应。而自我上高二，也就是 2016 年起，全国 I 卷的生物试题开始偏向大段的文字叙述、试验设计，学校自然也开始了针对这方面的着重考查。

知识越来越难、越来越杂，我逐渐不能同时保持各科的预习、听课和做题，必须要有所取舍了。与此同时，化学老师送上了一记助攻。

化学老师为人非常温和，但她每次备课似乎都不太认真，总是被一两个最基础的知识点、问题困住，然后在讲台上梳理自己的思路。这就导致一堂化学课下来，学生可能什么都学不到，甚至一小节的内容很多堂课都讲不完。加上此时化学知识的难度提升，每一堂化学课都让我感到无比煎熬。

原本我还能坚持听课，但一次周测让我选择彻底放弃。这位化学老师姓薛，是临时教我们班的，她还上另外两个班的化学课。

一次周测之后可能实在是班级太多、时间来不及，薛老师让我们批改她另外两个班同学的试卷，结果令我大吃一惊——100 分的试题，另外两个班竟没有一个分数在 15 分以上的。看了看自己 56 分的试卷，我决定自学。

课上的学习没有效率，书本上又很难找到重点，全班同学的化学都学得很糟糕。我该怎么办呢？走投无路的我又把目光投向了做题——或许等我见过所有的题型就可以了，高二期中考试时数学的巨大突破不就是这么来的吗？就这样，我把化学课上的所有时间都用来做题，终于，我脑子里的知识点不再零散无章，而是转化为了一道道逻辑清晰的题目。

后来时不时的周测里经常有我做过的题目出现，如此一来，我的体验感好了不少。在这样的正反馈之下，我开始把化学课上的习惯带到其他科目的课堂上，因为其他科目的学习也同样进入了攻坚阶段，跟上老师的思路并不那么容易。

和当初的英语便利贴一般，每天所做的题目看得见摸得着，确实会给人一种满足感。不知不觉中，我又走上了老路。我还想维持讲题的习惯，可此时我却发现自己讲不出来了。因为我能做出来的题目都是因为做过并看过答案，至于为什么这样思考，为什么能想到这一步，我实则是一头雾水，没有做过的题目则更是如此，要知道给人讲题、问问题的前提必须是自己有过充分的思考。毫无疑问，在这样的学习状态之下，我并没有进行充分的思考。

做题确实能积累更多的方法、经验，但是在不听课、连最基础的思考方法都没有掌握的情况下，做题带来的方法、经验根本无法成体系地进入我的知识框架。

这一次，我重蹈覆辙，我感觉自己要退步了。

第一次月考：失控的前兆

无法妥善安排自己的时间，整日忙碌却收获寥寥，这样的感觉又充满了我的身体，让我有些惊慌失措。惊慌之中，时间却过得飞快，第一次月考很快就来了。

高二下学期开始，每次月考语数外三科的满分都是 150 分。每次正式考试之前，老师都会至少留给同学们三小节自习的时间进行复习，而这一次，我可以称得上是慌乱不已。此时的我已经自乱阵脚，无心复习。

月考像一阵狂风刮过，只留下一地的狼藉。我能够感觉到自己有很多题目不会，特别是化学，英语更是因为生词太多看不懂文章。考完之后，我刻意不去对答案，老师讲题的时候我也刻意不给自己打分、不算总分，就这样靠着"掩耳盗铃"，我维持着自己的骄傲。

这时的我虽然成绩不错、非常努力，但一直有一个错误的观念：计较每一次考试的名次进步，而不是根据实际的对错调整自己的学习状态。对待考试方式的错误，导致了我考试心态的崩溃及之后掩耳盗铃的行为。

我所担心的事情终究还是发生了：语文 102 分，英语 110 分，数学 130 分，化学 71 分，生物 88 分，物理 86 分，年级排名第八十三。

令人欣慰的是，我在物理和生物学习上的习惯一直尽力地保持着，生物单科年级排名第三，物理也排在二三十名，之前的探索见效了。

但是，数学的优势不再明显，语文和英语劣势尽显。与此同时，化学成绩也有很大的退步，物理和生物两科对我总成绩的拉升作用实在是杯水车薪。这时我才惊觉自己出了问题，又陷入了反复做题而没有长进的怪圈，且目前看来问题最大的是化学，该怎么办呢？

此时我觉得，化学学习无非在于一点——记，记各种离子反应的性质和用途。既然重难点老师讲不到，那我就靠自己记忆、补充。在每一份试卷、每一道习题上勾勾画画，把相关的知识点全都在旁边写一遍，所谓眼过千遍不如手过一遍，这样一来我至少不会因为对一些知识点不敏感而导致错误。

那段时间，我所有的化学试题、练习题上都密密麻麻地写满了字，但我始终有一个感觉：我记了很多东西，但是它们很乱、不成体系。就像平时背诵文章卡住时总需别人提示一样，我需要很具体的提示才能想起某个物质的具体性质，但考试时不会有这样的提示。

已经进入高二下学期了，高三近在咫尺，可语文和英语仍不见起色，化学反而越学越差。此时我的胸腔里像是锁了一头发狂的雄鹿，不断撞击着我，我感觉一切突然又都失控了。

在这样混沌的状态之中，被压抑许久的逃避念头又隐隐作祟，可时间仍在流逝，对于第二次月考，我终究是逃不过的。

至暗时刻：成也萧何，败也萧何

时间来到了高二下学期第二次月考，语文考试之后就是数学考试。我以为数学考试会和往常一样顺畅自如，可刚做到选择题第八题我就卡住了。

按照常规方法计算，第八题的计算量很大，但我又没有什么更好的办法。一道选择题而已，没有必要浪费那么多时间，圈起题号，我就空了第八题，准备做完大题再算。谁知这一空竟一发不可收拾了——从第八题开始，之后的每一道题计算量都很大，需要投入很多时间。

我惊呆了，我还是第一次遇到这种情况，习题集上的这部分题目大都比较基础，但今天的考试似乎和习题集并不是同一个难度。心急如焚之下，我只得把后面大题的第一问匆匆写完，然后在第二问列出公式、计算过程，之后就心急火燎地填补选择题、填空题的空白。

考试结束的铃声响起，大题第二问的答案还没有补全。数学考试结束的那一刻，我就知道要遭遇滑铁卢了，对于剩下的几门考试，我都心不在焉。

建议尽早养成一个习惯——每考完一个科目，就不要再想这个科目考得怎么样了，除非所有科目全都考完。"不要想它，不要想它"，否则上一个科目的不良状态和情绪很容易被带到下一个科目中去，对下一科目的考试状态造成很大的影响。

几天后，成绩出炉：祈风，数学105分，年级排名二百八十七。我擦了擦眼睛，反复看了几遍成绩，终于像泄了气的皮球一般瘫坐在座位上。这是我第一次因为成绩想哭。

这是我从没有想过也从没有遇到过的情况——努力但成绩飞快倒退，仿佛上学期的进步和自己精准的判断都是梦境一般。

"是学习方法有误还是天赋不行？我真就学不会？"

"这次心态、状态太差了，题目又太难，难免马失前蹄。"

"又在找什么借口啊？题目难别人会你就不会？状态差就不能调整？"

…………

失落、烦躁、愤怒、疑惑，各种情绪叠加在一起，此刻的我心里极度矛盾。

"我需要重新审视自己，我需要改变。"

破局的关键：英语

此时我的语数外三科都不占优势，理综当中化学也遭遇了挫败。那我该如何破局呢？

对于化学我毫无头绪，脑子里一团乱麻，这几个月试过不知多少种方法、下过不知多少功夫，都难以挽回颓势；对于语文我毫无想法，一直以来我的语文就从没占过优势，而且就算有所提升，语文能够带来的分数优势也不大；对于数学我束手无策，到了圆锥曲线部分不仅思考需要用巧劲，计算量还颇大，计算能力的薄弱总让我的思考陷入僵局。

那么，可以给我带来较大提升、提振士气的似乎只有一个科目了——英语。在英语学习上，我确实除了使用便利贴、背诵单词和语法之外没做过什么改动，而且我发现一个问题：单纯地记单词、语法，使我在英语阅读理解的文章里很难甄别这个单词到底用的是哪一个意思，很难识别文章到底用了什么特殊的语法。

既然这样做不行，那试试刷英语题？说干就干，我开始每天腾出一小时时间专门做英语阅读理解。与此同时，我停掉了单纯记单词、语法的做法，只在便利贴上记阅读过程中遇到的生词、语法。

同一单词在不同语境下的含义不同，想要读懂英语文章，记单词的同时需要记住其所在语境、例句。每一个单词、词组、特殊语法都从阅读过的文章中来，然后配合着例句、所在语境进行记忆，这样的背诵才更有效。

就这样坚持了快一个月，刷了很多阅读理解题目后，我仍觉得难以理解，甚至错误有增无减。对此我苦恼不已，不过还是没停止刷题。

或许是念念不忘，必有回响，一篇阅读理解让我有了新的想法。

一天做英语阅读理解，我看到了一篇文章，翻译成中文大致如下。

一个英国人去美国旅行，逛街的时候突然想上厕所，顾不上绅士风度，逮着一个路人就问："请问，厕所在哪？"路人回答"restroom 在那边"，说着给这位旅人指路。英国人满心疑惑："我问的是厕所在哪，和 restroom 有什么关系呢？"不过英国人也不好意思再问，只好向这位路人道了谢，沿着街道继续走了下去。

过了一会儿，刚刚的路人已经没入人群，英国人这才又急忙拉住另一个路人问道："请问厕所该怎么走呢？"路人依然回答"restroom 在那边"，随后热情指路。这基本是把第一位路人的情景再现了一遍，为了掩饰尴尬，英国人又重复了之前的操作，寻找下一个指路人，结果第三个、第四个、第五个路人的回答都和前面两个路人如出一辙。

英国人有些蒙："我来的是美国，一个说英语的国家啊。我问厕所（toilet）在哪，为什么路人都给我指去休息室（restroom）的路呢？"忍不住的英国人终于又向一个路人询问："请问您一个问题，restroom 和厕所有什么关系呢？"

路人嘿嘿一笑："你是英国人吧？恰好我也是在美国待了几年的英国人，在美国，restroom 就是厕所，美国人不说 toilet。"英国人这才恍然大悟，解决了自己的问题。

官方语言同为英语的两个国家尚且不能理解对方的意思，在不同文化语境下的我一直按照自己的想法又怎么能看明白文章的意思呢？所以光靠瞎猜是不行的，得向对英语语境了解得更多的人取经。

此刻的我终于豁然开朗，可却已经没有时间试验这次自己是不是找对了方向，因为期中考试来了。

心火渐熄：本能的逃避

从我努力学习、寻找提升成绩的方法开始，时间就过得很快，我经常感觉自己还有很多问题没有解决、很多想法没有尝试，时间就急匆匆逝去。这次更是如此：刚刚定下下一步的英语学习计划，还没来得及实施，期中考试就来了。

我总觉得这次考试来得很突然，因为上一次月考才过去不到一个月，而两个多月里三次大考对当时的我来说确实有些频繁了。

考试难度中规中矩，但这次正常难度的考试却给了我的信心又一记重击：英语再次退步，年级排名三百零四。

接连几次的退步让我难以理解，似乎我只要在一个科目上发力，这个科目的成绩就会后退。我感觉一切都失控了。

不知是如王国维所说的"以我观物，故物皆著我之色彩"，还是我真的有这样的影响力，浮躁憋闷之下，我感觉整个班都混乱了不少。几次考试之后，班级整体的成绩排名也从年级第二跌到了年级第五。

由于整个地区教育资源落后、升学名额少，即使一中被本地人称作"名校"，在它每年的大约一千名理科生中，能上一本大学的也只有五百人左右，上清华北大的学生也不是年年都有。

三百零四名？看着自己从高二开始攒下的几百根空笔芯，我不甘心自己这样的努力只换来这般成绩。

我陷入一种前所未有的纠结和无助当中，除了物理和生物之外，对于其他科目，但凡我想做一些改动，它们都不会给我正向的、积极的反馈。我开始质疑自己的能力，质疑自己的想法，乃至质疑自己整个人。

高中新知识学习阶段很容易出现巨大的成绩落差，这是因为每个部分知识的特点不同，有些学习方法只适用于一段时间的学习。这时候最忌讳的就是自己打击自己的信心和积极性。

"我不想学了，太累了，我需要休息，我需要一个舒适区。"这样的想法从我脑海里闪过。走投无路之下，我本能地选择了逃避，逃避这个令人难受的现实状况。鬼使神差般，我又沿着熟悉又陌生的路走向了家附近的一个网吧。

救赎：豆浆和水煎包

"网管，开通宵。"

熟悉的词从我的口中说出，这是自高二开始努力学习之后，我第一次去上网。由于揣着心事，一整晚我都忧心忡忡的，显然游戏并不能缓解此时的烦躁。

一中每年能考上"985工程"大学的学生也就一百个出头，"211工程"大学不能算数，因为本省的那所"211工程"大学给本省的名额较多，一本率有50%，算到理科生头上大概就是五百人，三百零四名也就刚刚够得着"211工程"大学的门槛。

"可是我一直在退步，成绩在下滑啊！马上就要到高三了，题目难度、综合度提升后，我还能排在这个位置吗？难道我真的天赋有限？我不服啊！"

思绪纷飞，不知不觉中，我就去见了周公。

恍惚间不知过了多久，我感觉有一只粗糙的手在拍我的脖子。"几点了，保洁大妈这就开始赶人了？"带着几分疑惑，我起身看了看椅子后的人，映入眼帘的是一双噙着失望的眼睛。她什么也没说，但我却感觉一道炸雷劈在了自己身上："妈！"

没有想象中的狂风暴雨，没有多余的话，母亲只说了一句："都几点了，把这个吃了，回家睡去。"说着递来了还热乎着的豆浆和水煎包。我没脸抬头看母亲的脸色如何，但听声音，她是生气了。

狼吞虎咽地吃完母亲递来的早点，我一声不吭地站了起来，跟在她的身后回了家。母亲不识字，以往被她抓到通宵上网一般都会有一顿恨铁不成钢的训诫。

可这一次，我只是一路跟着她的脚步，一路无话。母亲身高只有一米五左右，身材瘦小，但此时却给我带来一种无比强大的压迫感，压得我不敢抬头。走之前我看了看电脑上显示的时间，刚刚早上七点半，她应该找了我很久。

一阵酸楚从心中涌出，胸口犹如万斤巨锤砰然砸下，我多么希望她在路上像往常一样骂我一顿啊！

忽然间，母亲停下开门，我才发现到家了。她同样没有多余的话，只是对我说"回去睡觉"。我不知道有谁体验过如履薄冰的感觉，那一天我切实体验到了。愧疚的情绪在心头蔓延，刚刚踏入舒适区的一只脚也因为这一袋水煎包和一杯豆浆退了回去。

学习如逆水行舟，不进则退。若是不想之前的努力白费，若是不想继续蜷缩在这样一方阴暗的世界，那我就别无选择。

摆在我面前的只有一条路：努力、求索。

求索之路：重新定位

"书山有路勤为径，学海无涯苦作舟。"想要有大的提升，自然是要对自己的弱项下手，但这一切的前提是对自己目前的处境有一个清醒的认识。拿出这几次考试的试卷，我开始了对自己此时状态的反思。

在心态上，我急于求成，纠结于一城一池的得失，每一次考试的成绩都会引起我不小的情绪波动，这样的心态变化非常耗费自己的精力和时间。我需要有更长远的布局、更广阔的视野。

我的目标是什么？是实现当初许下的那个豪言——我要上清华。既然如此，为什么纠结于一两次的成绩变化，被别人的看法和要证明自己的想法左右呢？我最重要的人可是我自己啊！高中，应该是花三年时间，合理分配自己的精力，不断学习、改进，最后在考场上最大限度展示自己所学的过程。花三年时间做一件事，这才应该是高中的本来样貌。

花三年时间做一件事，把中间所有的考试都当作校准方向的节点，每一次成绩的起伏所代表的只是暴露问题的多少、对某一部分的掌握程度，这才是应对高考的健康心态。这虽然很难，但尝试与努力之后可以做到。

接下来是分析各科的具体学习情况。

首先是数学。目前解析几何基础题目的解法我都掌握了，但是一遇到计算量很大或是解题思路很巧的题目以及大题的第二问我就束手无策了。这主要由于两方面的原因：一方面是计算能力不足，我做事粗线条，计算的中间结果总是出错，这就导致后面都错了；

另一方面是没有形成答题模型，我没有把之前的题目吃透并积累起来，看到题目时总是一头雾水，没有思路。

然后是语文。语文一直是被我忽视的一个科目，成绩始终在中游，满分 150 分时能拿 105 分左右，满分 100 分时则只有 70 分左右。对于语文，我一直没有用心总结过，更没有分析过自己和分数更高的同学相比差在哪里，只觉得语文成绩好的同学都如家辉一般爱看课外书。

再是英语。英语方面的问题主要集中在阅读理解上，最后的改错或是考查语法的部分基本每次都能拿到 80% 的分数，但阅读理解、完形填空我却只能拿到一半的分数。这是因为之前的方向错了，我对整篇文章的理解还是不到位，不能把自己放到英语语境当中去思考。

最后是化学。化学对我来说犹如一团乱麻，大把的时间被用来刷题和记知识点，但是知识不成体系、十分散碎。随着所学内容的增加，如果没有一条条贯穿这些知识点的逻辑链条，想要学好化学是很难的。

对于生物、物理两科，我始终能够保持比较好的状态，尽管生物在理科综合的背景下大家都在摸索，物理的学习也变得十分繁复，我能够保持现在的成绩已经很不容易了。这两科保持原有的学习方法即是目前最好的做法。

有了定位，找到问题，就该对症下药了。

重入正轨：重新部署与再见曙光

知己知彼，百战不殆。在对自己的现状进行分析之后，我需要重新编排部署，以实现针对性纠错。

对于数学，解析几何只是高考的一部分，分数只有 22 分左右，我不需要太紧张；另外，我需要提升自己的计算能力，而鉴于自己总是粗心大意，寻找合适的验算手段，每计算一段便进行一次验算更为合理；同时，我需要积累题型、解法，在考场上抢时间，因此我需要在吃透一道题目的同时综合性地把它纳入我的知识体系当中。

从那时起，我开始整理典型题目梳理本，按选择题、填空题、大题分为三个部分，每部分再按照知识内容比如导函数、三角函数、解析几何、空间向量等分为小节。本子上要么记录最典型、最通用的题目和解法，要么记录自己怎么也想不到的解题巧思，要么写自己的思考，寻找选择题、填空题的简便做法。

对于化学，目前我的困境已经不是闭门造车，因此我需要借助外力，要么是化学学得很好的同学，要么是化学教得很好的老师。前者我能接触到的最好的人选就是家辉，后者则可以在暑假里找一找。

至于英语和语文，我确实不擅长，但英语可以按之前的想法去学习，不过得勤问。每天早读之后，我就找一篇文章先给老师讲自己的理解，然后请老师纠正，从而锻炼自己在不同文化语境下思考的能力。对于语文我还是一头雾水，但可以试着总结一下高考题目的特点，找出一些能够在考场上取巧的方法。在这个过程中，说不定我能逐渐找到适合自己的学习方法呢。

行胜于言，既然打定了这样的主意，那我就要付出实际行动。这次部署之后，我把重心更多放在了数学和英语上。

虽然第三次月考的成绩依然不理想，但我更在意自己错在了哪里。月考之后，我们又迎来了一个崭新的日子——2016 年 6 月 8 日。此时，高三年级的学生已经完成了他们的高考，这意味着我们离高三更近了一步。我明显感觉到，班里的气氛紧张了不少。

紧张的氛围一直持续，直到暑假前，我终于能控制住自己不再因为成绩的起伏而胡思乱想，并且能够将注意力集中在自己目前存在的问题和做题产生的错误上。

虽说是几经波折，但我终于又一次"渐入佳境"，重新找回了自己的学习状态。

时间过得真快，高二暑假来了。

小结：斗争不息的高二

如果你问我高中阶段的哪一年最精彩，我会说高二；如果你问我高中阶段的哪一年最痛苦，我还会说高二。

"天行健，君子以自强不息。"高二这一年对于我来说是斗争不息、进步不止的一年。

我自高二上学期期末之后成绩便一退再退，在这个过程中我回避过、躲闪过、退缩过，却始终没有停止过进取。在高二，我的成长是全方位的：成绩、韧性、解决问题的能力。

在这个过程中，我下过一万次决心，寻找过一万种提升自己成绩的方法。虽然大多数方法并没有见效，但我几乎没有时间待在舒适区，而是把几乎全部的精力放在了寻找提升成绩的方法上：方法 A 不行，就试试方法 B；方法 B 不行，就试试方法 C。

我第一次找到了如臂使指的感觉，这是一种绝对的掌控状态：但凡确定了自己的目标、规划、行动方案，那或早或晚，我一定会坚决地执行，直至看到方案的成效，再不断调整。

这一学年我经历了健身房的脱胎换骨、第一次期中考试的一飞冲天、第一次期中考试后的精准定位，也经历了学年初的嬉闹嘲讽和努力无果、第二学期的一退再退和束手无策，还有学期末的挣扎求索和否极泰来，算得上是跌宕起伏。

我如同一个陷入泥潭的士兵，挣扎之后发现自己越陷越深，便陷入失望；大声呼救之后，竟有敌人赶到，只好憋气自沉；好不容易寻找到一个可以上岸的角落，却发现脚上缠满了藤蔓……想从差生向成绩最好的学生逆袭，其间经历重重险阻，也曾像懦夫一般退缩，但值得庆幸的是，大多数时间我都像一个勇士一般在战斗。

除此之外，高二最后一段时间的思考也让我对高中有了更清楚、更真实的认知：高中就是给你三年时间，审视高考的选择要求，而后照着要求了解、改善、提升自己。其间如果遇到什么挫折，那就克服它；如果遇到什么错误，那就改正它。始终要记得，最终的目的只有一个——经过三年的学习，成为一个优秀的人。

想要达成目标，你需要培养学习习惯、寻找学习方法，同时调整作息、把控心态，在屏蔽干扰、坚定目标上下足功夫。我确实实现了逆袭，但也不能不承认，在此之前，自己做得并不怎么样。

高二这一年让我拥有了面对失败的勇气和面对成功的淡然，无数次跌宕起伏、心绪翻涌之后，我给自己写下了这样一句话：

愿一千次大雨倾盆之后，你仍梦到彩虹。

高考冲刺篇

　　我们时常幻想自己如同小说主角一般，被天降的机缘砸中，而后走向人生巅峰。

　　对于高考，很多人寄希望于不知道如何产生的"万一""逆袭"，很多人迷信"天赋"决定一切，也有很多人盲从"大众"的选择。而我认为，你只需要告诉自己："我的未来由我掌控，我可以成为一个更好的人。"

高三来了：无人下课

"十年磨剑为一搏，六月试锋现真我""努力到无能为力，拼搏到感动自己"……到了高三，首先迎接我们的是学校里挂着的各种标语，整个学校也平添了几分压迫感。

初听不知曲中意，再闻已是曲中人。我们曾听过许多学长学姐讲述自己的高三，看过许多关于青春、关于高考的影片；脑海里的高三总是伴随着努力与压抑、拼搏与未知；可当自己真正身处高三之时，我们才真实地感受到那一股紧张、迷茫的情绪，开始有些手足无措。

高三报到时是八月份，盛夏的骄阳透过玻璃照在人的身上，热得人心里发慌。按照惯例，早上报到缴费，下午就回到班里自习了；按照惯例，会有很多同学一直到晚自习乃至第二天正式开学才来学校；按照惯例，小陈会早早地来到教室，对喧闹的同学们进行批评教育。

可是这一次，惯例似乎被打破了。临近中午，班里的同学办完入学手续就陆陆续续进入了教室学习；中午十二点，到了午饭时间，却久久无人离去；到了下午，本该准时准点出现在教室的小陈优哉游哉地在楼下散起了步，而教室里只有窸窸窣窣讨论问题的声音；下午五点半，晚饭时间到了，本应有的喧闹杂乱却被小陈在楼道里的脚步声代替，班里的同学如同脚下生根，无人离座。

"高三"两个字如同催化剂一般，在一瞬间让一群孩子长大了："我想要进步，我要抓紧时间，我想在高考时取得一个好成绩。"

不知过了多久，也不知是哪个班先开始的，稀稀拉拉的桌椅挪动声、开门声、聊天的声音在教学楼中蔓延开来。同学们这才放松了紧绷的神经，走向了食堂。

到了晚上，来到班会时间，小陈似乎对大家今天的表现十分满意，略带兴奋地给大家做起了高三说明和规划：

"我知道有很多人到现在才知道应该好好学习了，后悔之前没有抓紧时间。我可以肯定地告诉你们，抓住高三一轮复习的时间，你完全可以赶上来甚至反超。

"上学期最后一次考试是全市统考的，我看了最后的名次，我们这一届在市里的几个学校里确实没有以往那么大的优势。照此发展下去，这一届考上一本的人数可能会大幅度缩水，清华北大更是不敢说了……"

确实，因为高二时学校换校长等重大事件，我们这一届有很多安排都不妥当，成绩也确实不如往届。因此，我必须抓住一轮复习，补齐高一的知识。

"光阴荏苒，日月如梭"，直到现在我才体会到其中含义：高三来了，我没有时间了。

意料之外的约饭：哥，我想上一本

"高三"这两个字确实对同学们有不小的影响，从报到当天到正式开学之后的一段时间，这样紧张的氛围一直持续着。

时间来到正式开学的第一天中午，按照以往的习惯，我正准备拿出书本做英语阅读理解，等到大家都吃得差不多了，食堂不用排队时再去吃饭，以节省时间。可今天却大不相同，老师刚一离开教室，我还来不及拿出英语阅读题，黑压压的一帮人就围了上来。就在我用疑惑的目光打量着众人时，为首的韦天对我说："哥，我们一块儿吃饭去吧，有事跟你商量。"

带着满脑袋问号，我跟着大伙说笑着走出教室，走向食堂。一路上我不停地旁敲侧击，想知道这帮人究竟找我商量什么，竟然还这么神秘，但得到的回复却只有"咱一会儿边吃边说"。看着神色有些紧张的众人，我也逐渐有了眉目。

到了食堂，拿餐具，占座，打饭，这帮人甚至直接给我买了饭端来。坐下之后，众人也不再端着。身高超过一米九、体重两百多斤的韦天怯生生地对我说了一句："哥，我想上一本，我以后跟着你一起学吧？"其他几个人也纷纷附和，他们或是高一时和我一起捣乱玩闹的同班同学，或是其他班的一些熟人，总之成绩都比较差。

尽管心里已经大概猜到他们想说什么，但听到这句话时，我仍有些惊讶，有些疑惑，有些慌乱，有些激动。惊讶在于平日里看起来天不怕地不怕的一帮人竟能做出这样的姿态，而为了成绩进步而虚心求教；疑惑在于我现在算不得成绩最好的一批人，为什么偏偏找上我；慌乱在于责任确实有些重大，我并不敢做出保证；激动在于他们选择求助于我，这是对我能力和人品的极大信任。

很多中学时代成绩差的一类"风云人物"，往往因为自己"颇有声名"而放不下脸面向别人求教，好像这样就是向家长、向老师、向学校妥协，向同学们示弱。可只有拿得起放得下才算真的"风云人物"，这些同学不妨尽早低下硬挺的头颅，尽早收获属于自己的成长进步。

错愕之中，我的回复是："我一直在那儿，以后上课自习什么的跟我一起就行，有什么问题问我，我都会给你们讲……"笑闹声又充满了食堂。

高二的经历让我在班级里树立起威信，但我从没想过自己已经成了差生眼里的一根可以救命的稻草，或许是发生在大家眼前的逆袭经历过于令人震惊吧！

这一次意料之外的约饭也加强了我的一个信念："我可以，最后一年，放手一搏吧！"

一轮复习：欠的知识，迟早是要补的

时光匆匆向前推进，我们也走进了一轮复习。尽管同学们的信任让我更加自信，但由于荒废了高一的时光，因此对于高一的知识，我不得不从头学起。

好在高二时我已经对所有科目的学习做了整体的规划与部署，

就这样，预习、听课、复习，按部就班。上午的课间拿着英语阅读理解题追问英语老师，下午捧着课本追问化学和生物老师，晚上拿着习题找数学老师答疑解惑。生活在忙碌中一天天向前推进。

但令人苦恼的是，即使付出了这么多努力，我依旧没有收获小说主角那般突飞猛进、超出常人的成果。不说从高一起就一门心思认真学习的那些同学，就连韦天他们这帮和我一样几乎要从头开始学习高一知识的同学，对知识的理解与掌握程度都时常超过我，有时候我也需要在他们的惊讶和错愕中向他们请教。

几乎每一科，我都经历了从差生到中等生再到优等生的成绩提升过程。人总是在自己的舒适区里待着更舒服，所以数学成绩好的同学会更喜欢数学，语文成绩差的同学会一直不把语文当回事，而突破瓶颈的过程总是枯燥、漫长、难熬的。

在这个阶段，我并没有盲目地采用"题海战术"，而是更注重对课本知识的记忆与理解，各科知识在我的脑海里逐渐形成了体系。

不得不承认，由于要重新学习高一知识，原本就有些力不从心的我在此时更是感到压力不小。这似乎也是同学们的成绩会在高三重新洗牌的原因：拥有良好学习习惯、知识成体系、成绩靠前的那部分同学依旧稳如泰山，而单纯依靠刷题或是死记硬背艰难维持成绩的同学则明显步履维艰。

这是一场新的考验，我需要的是重新布局和思考。

量变到质变：举三反一与举一反三

"和初三相比，高三有什么不同呢？"

同样要经历一轮、二轮复习，乃至最后的大考，初三无疑是最接近高三的了。可二者可以相提并论吗？我有可能复制中考的成功吗？

这两个问题的答案显然是否定的。高三和初三最大的区别在于知识的体量发生了剧变。就学习年份来算，初中阶段的物理是在初二引入的，化学更是在初三上学期才进入知识体系，高中阶段的知识是在初中基础之上的不断填充和加速教授，因此二者的知识体量显然不可同日而语。

因此，在初中阶段，你可以靠刷完所有的题型、靠多记忆赢得一次考试；还可以凭借运气突然"开窍"，掌握初中阶段知识的要领而领跑中考。但在高中，同样的成功却难以复刻：高考题型太多，高中知识更杂，需要的探索和方法更多。

同时，和高三相比，高一、高二也有不同：高一、高二作为新知识学习阶段，只考查一段时间内学习的知识，因此考查的知识量更少；同时更多是专题性考查，和其他阶段知识的融合很少，综合性难题很少出现，在难度上很难和高三相比。

在初三或是高一、高二，我们可能有过短暂的学习成功经历，如我高二时的惊天逆转，这更可能是因为在那一段时间我掌握了某部分知识的学习方法，或是碰巧刷到了足够多的考试题型。这样靠多练习求得的学习方法实则是"举三反一"。

高三在知识体量和知识难度上都远超其他几个阶段，对此我该如何应对呢？既然"举三反一"这条路我已经反复尝试、多次失败，那就没必要撞了南墙也不回头，而是应该换个方向思考，比如说"举一反三"。

"既然连韦天他们都那么相信我能够带他们实现逆袭，考上一本，那我又凭什么不相信自己呢？从今天开始，我不能再给自己打上'天赋一般、不如家辉'的标签，我就是最有天赋、最能深究、最会举一反三的人，从思想上破除给自己设置了十几年的藩篱！"

此后，我应该从"吃透一道题"转向"吃透一个知识点""融会贯通整个高中的知识"。高中阶段的知识体量较大，如果想真正实现融会贯通，就必须学会举一反三。

我真的可以吗？时间很快就会给出答案。

不负苦功：逐步稳定的成绩

同往常一般，确定了自己的方向，就要努力执行了。

在化学上，一方面我开始综合前两年的知识，构建一个高中化学知识整理本，依照之前的思路，依据反应现象、反应产物等为各类化学反应建立逻辑联系；另一方面，我的化学成绩是在高二下学期才遭遇挫败的，离子反应是我的痛点，那我就着重进行专题练习，每天针对离子反应部分进行一次化学小测。

在物理上，我发现高中阶段的物理，无论物体是运动还是静止，是做圆周运动还是直线运动，处于磁场、电场还是重力场，最终考查的只有一个：物体的受力状态分析。因为力是改变物体运动状态的原因，所有问题只要考查物体运动状态的变化，一定要从受力分析上下手。

所以，受力分析便是高中阶段物理问题的重中之重。

在生物上，既然生物更注重语言叙述，而生物的知识点我也背得八九不离十了，单纯做题的意义只在于增加熟练度，那我就开始背答案，研究有很长题干的题目的叙述，研究大段叙述中究竟哪个词是得分的关键点。

以上三科有了具体的方向后，就要讲求落实了。我的时间非常有限，要想充分利用，我就得尽可能拾起碎片化的时间。所以除了一直保持贴便利贴的习惯，我还会随身带一个小本，上面写满了零碎但重要的知识点或典型的题目。每天早读之前的几十分钟，我都会用它来记忆相关知识。

在英语上，我已经逐渐感受到了做英语阅读理解的效果，每天上午看到英语老师的第一件事情就是拿着阅读题找老师讲解。这样很好，继续保持。

对于数学，这时候的我并没有太多头绪。按照之前的想法接着实践吧，我相信只要脚踏实地地做，总会有突破的那天。

就这样，在高三，我重新做了一回高一的好学生。几次小考下来，物理、化学、生物成绩在稳步上升，理综总分稳定在285分以上，总成绩排名重回前五十名。与此同时，韦天他们也进步不少。

这一次，我没有辜负大家的信赖。

大道至简：打破 110 分的数学魔咒

理综成绩稳稳当当地进步，但我的数学却遇到了瓶颈：几次考试下来，数学分数始终在 110 分左右徘徊。

出了什么问题呢？除了高二上学期短暂的数学辉煌时刻，我的数学就再没有过高光时刻了。是高二上学期的习惯已经跟不上现在的数学考试要求了吗？还是典型题目梳理本和当初的英语单词便利贴一样无用呢？对于高二上学期学习的导函数，我现在还能拿高分吗？

经过几次对比分析，我发现了自己的几个问题：导函数、解析几何的第二问总是解不出来，这两部分就要扣上 15 分左右；再加上填空题、选择题的最后一题，已经有 25 分的题目是大概率拿不下来的了；如果再算上自己粗心大意在基础题部分的丢分，110 分这样的成绩实属正常。

该如何打破 110 分的魔咒呢？粗心大意的毛病一直都存在，而各部分的最后一题又确实很难，这似乎是无解的。困顿之中的我思考了很久，发现自己在数学学习方面存在以下问题。

首先是态度问题。每次都会在基础题部分丢分，究其根本是平时对待考试的认真程度不够，每次成绩出来之后也习惯性地忽略这部分失分，似乎一个"粗心大意"就可以规避所有问题，一个"下次注意"就能保证不再粗心，可事实并非如此。

其次是练习不够的问题。我虽然做了很多数学题，但是很多出题套路、题型实际上还是没有见过或没有掌握。数学考试两小时的时间对于我来说有些不够，所以每次都没有足够的时间来思考最后一道大题。班里不是没有数学能够拿高分的同学，至少130分是有人能拿到的，因此我做的练习还不够。

最后是整理与积累问题。虽说我开始了数学典型题目的梳理，在改正错题之外专门挑出最典型、最有拓展延伸意义的题目进行整理和总结，但不得不说我还是没有很好地应用起典型题目梳理本。我只是把这些题目记在了本子上，而没有把它们积累在脑子里，以至于考试时总是没有思路、时间不够。

可是这些问题我很早就意识到了，每天课余时间都会捧着数学习题集、各种数学试卷苦思冥想，这样还不行吗？破局之法在哪儿呢？

关于态度的问题，我现在有三个数学学习的本子：错题本、难题本、典型题目梳理本。错题本按题型、知识类型分门别类，用于改错和向难题本、典型题目梳理本输出内容。但是这样的方法未免单一，经常出现之前的错误再犯的情况，粗心大意的问题也总被马马虎虎地对待，怎么办呢？

我应该把所有做错的题目都剪下来贴到错题本上去改正，就算是把4.2写成42这类的笔误也要贴上去，而且要用专门颜色的笔标注，放在最显眼的位置。这样有助于我了解自己常犯哪些错误，这些错误又给我造成了多少失分，进而实现针对性改正。

关于练习不够的问题，我需要做针对性训练，查漏补缺。每天做三道数学大题——一道导函数的，一道解析几何的，一道空间几何的。不会就问，不熟就反复做。

如何"吃透"？我的一般做法是以一周为一个阶段：在第一周，每天做三道新题；在第二周，首先做一遍上一周积累的典型题、难题，思路如果还是不顺畅，那就在本周再想再问再做。找不同的同学来做典型题，每道题至少凑齐三种解题思路。虽说目标是每天掌握三道数学大题，但实际上很多时候我每天都在死磕一道题，关键在于弄懂、不再错。

关于整理与积累问题，整理错题更多是为了及时改正和提醒自己，而难题和典型题才应是整理与积累的重中之重。什么是难题不用多说，那什么是典型题呢？就是解题突破点能够代表一类题目解法的题。

要想更进一步，超过别人，那就需要推陈出新了。在自己思考、看了答案、问了老师同学之后，尝试理解他们的想法，总结做法。

题目积累格式

题目：简记即可，如果有几个小问，可以只记自己不理解的那一小问

改错：	解题过程	
方法补充：	解题过程	自己的疑惑和思考过程
取巧/通用方法：	解题过程	

对数学考试的规划：严格控制每部分的做题时间，让数学考试有条不紊。选择题、填空题共用 45 分钟，解析几何、导函数大题共用 35 分钟，剩余 4 个题，每题用 10 分钟。给每部分题目应

有的时间，过时不候，争取拿到规定时间内能拿到的最高分数。

日有所思，夜有所梦，以上几点其实是我在梦中想明白的。想明白之后由于兴奋，凌晨四点，我从宿舍上铺跳下了床，打开台灯，拿出纸笔记下了梦中所想。虽然挨了室友一顿骂，但那时的我极度欣喜。

有了方向，豁然开朗。

终见成果：英语突破

在我苦思冥想数学突破之法的同时，每天做一小时英语阅读理解的习惯我也一直在保持。这个过程中我逐渐掌握了一些英语学习的方法。

首先是之前提到的了解不同文化语境下人们的思考方式。所谓一千个人眼中有一千个哈姆雷特，身处中华文化背景之下的我们是很难理解英语的具体表达含义的。所以每天早读之后，我都会拿着自己昨天做得最好的一篇阅读理解和做得最差的一篇找英语老师讲解。

所谓的讲解，先是我给英语老师翻译，讲解自己觉得文章中需要注意的部分和自己做错的题目，谈一谈自己的看法——做错时的想法和对答案的理解，然后再请英语老师进行讲解。一番交流后，我的整个思考过程都在英语老师的观察之下。同时，两篇文章对比之下，我更能够找到适合自己的做题状态和思考方向。

其次是英语阅读怎么读、怎么积累的问题。毫无疑问，生词、词组、一词多义等是影响英语阅读理解的重点，可是记单词和词组的方法我也尝试过，不仅占用时间而且没什么效果，怎么办呢？

我想到的方法是"从阅读中来，到阅读中去"。也就是说，我不再和以往一般背诵书本上附录部分的每章生词、词组，而是在阅读的过程中勾画、记录自己不理解的单词、词组及其用法。这样做的好处在于有了文章中给出的语境，我能最快地理解单词的意思、词组的情境等。

我的一般做法是，在便利贴上记录自己在文章中遇到的生词和包含这个生词的句子，背的时候一起背。不过事有轻重缓急，生词也分课本中出现过的、自己经常遇到的和不经常遇到的。对于自己经常遇到的或是课本中出现过的生词，更需要重点记忆。以一周为一个周期记忆，不时进行自我检测。

因为英语阅读理解练习一般都被我放到上午最后一节课下课后、吃饭前后的一小时进行，所以我一般把这样的英语学习积累称作"加餐"。

如果你问我在高三阶段最缺什么，我可能回答不上来；但如果你问我在高三阶段最不缺什么，那么答案毫无疑问——考试。在我坚持这样"加餐"的同时，数不清的大大小小的考试检验着我的进步。

进步的过程确实比较漫长，但在足够的积累之下，我的英语成绩终于在期中考试中迎来了质变：134分。这无疑是我这段时间探索与坚持后得到的最好的礼物，也给我注入了不小的信心。

就这样，我的排名已经能稳定在年级前三十名了：语文105分左右，英语130分左右，数学110分左右，物理、化学、生物总分 285 分左右，总分 630 分左右。

看起来，距离我的目标就只差数学成绩的提升了。

第一次理科综合考试：分数骤降

世上无难事，只怕有心人。我算得上一个非常有执行力的人，几次碰壁和探索之后，我坚决地执行了自己制定的方案，各科成绩都在稳稳地提升着。

时间渐渐推进，各科的一轮复习也都陆续结束，学校开始有意训练我们的理科综合应考能力——把原本分开考的物理、化学、生物，改为如高考时一般三科一起考，时间为两个半小时。小陈说，每年一到理综考试，大家的成绩平均会降 30~40 分。

此时的我相信小陈的说法，但并不认为这会发生在自己身上。因为我每次考试的物理、化学、生物总分都超过 280 分，三科总分排名基本稳居年级前五，所以我认为理科综合可能导致的分数骤降，应该对像我这样成绩靠前的同学并不适用。

但事实证明，我还是高估了自己：第一次理科综合考试，我就遭遇了挫败。

因为平时在理综训练上并没有太过上心，毕竟自己的理综分数比较高，且目前的学习重心在于提升数学，所以平时理综训练时我并没有太把控时间，而是随心所欲地做题。一般来说是先做完所有物理题再做化学题，把生物题放在最后；中间遇到比较难的、一时没有思路的题目就暂且搁置，等做完其他题再来解决它们。

在考场上，我还是依照惯例先做的物理题，却发现做物理题占用了太多的时间，留给做化学题和生物题的时间只有差不多一个小时了。就在这样的紧要关头，我开始做化学部分。紧张之下，再加上思维转换不过来，化学部分做得异常艰难，其间遇到的阻力让我瞬间有些怀疑自己的能力。考试结束的铃声响起时，我还有大量的生物题目没有做完，而这些题目实际上都非常简单。

就这样，我又遭遇了挫败，考试成绩出来了，理综 235 分，相比三科分开考时，分数整整低了 50 分。在这个我始终能够感受到自己进步的过程中，在这个最不应该出现退步的时刻，我遭受了比大多数同学更明显的分数下降。

而更打击人的是，我之前的判断基本没有错，平时理综成绩最好的那一部分同学几乎都没有我这样的遭遇，成绩继续保持稳定。

大意失荆州之后，再不悔改的话，我就离败走麦城不远了。对于理综，我需要重新审视与谋划。

重整旗鼓：破局之法

通过对之前错误和这次考试的分析，我明确了自己的问题主要在于三点。

第一，时间规划不合理。先做物理题，确实是给了物理部分充足的时间思考，但这样先难后易的安排是有问题的。虽然将物理题放在最前面做可以避免因为紧张而失误，但却造成大量简单的题在最后没时间做。在同样的时间内，以这种方式能拿到的分数并不是最高的。

做题顺序可根据目标来定，如果你很清楚自己根本没法在考试规定的时间内做完所有的题目，那给物理题分配过多的思考时间显然是不明智的。先生物再化学，最后是物理，这样的安排更容易助你拿到更高的分数。

第二，针对性训练不到位。物理做完之后转向化学的过程中，我明显感受到了思维上的阻力——沉浸在对物理知识高度敏感、积极回忆的状态，对化学部分的题目叙述反倒不那么敏感了，容易出现错漏。到最后从化学转向生物，在思维阻力和时间不足的双重压力之下，这样的失败就再正常不过了。

第三，心态问题。在这次考试的过程中，我明显感受到自己对于这种变化的不适应，很久没有出现的考试紧张情绪再次出现。"做不完怎么办""又退步的话我可没有时间再调整了"，诸如此类的想法再次冒出来，这显然会对我的思维造成干扰，极大地扰乱了我的节奏。

找到问题后的我已经全然没有了考场上的紧张，而是已经摆平了心态，只留下一颗坚定进步的心。我对之后的做法进行了规划。

首先，我需要调整做题顺序。依照现在的情况看，我很难保质保量地在考试时间内做完理综试题。这很正常，因为直到高考也做不完理综试题的优等生比比皆是。所以，我给自己定的目标是高考时能够在规定时间内刚好做完理综试题，并且确保基础题的正确率。

几经思考之后，我明确了自己之后的做题顺序。

三科的选择题每道题 6 分，是最容易高效得分的部分，应该先做，并尽量在 45 分钟内完成。其余题型按以下顺序做。

先是物理，如果想要做完全部的题目，确实不应该把物理放在后面。注意，物理的选考题要放在最后一道必考大题之前做，按照先易后难的顺序做。

再是化学，按正常顺序做即可。

最后是生物，生物的选考题要放在最后做，因为当时我选择的选考题目是选修一的内容，这部分内容我早已背得滚瓜烂熟。选修一选考题目的特点是拿分容易，拿满分难，想拿满分需要花时间，但想拿到 80% 的分数却只需要一两分钟，在最后最紧张、没办法深度思考的时候做这部分再合适不过了。

其次，我要进行专题训练，不能再把三科分开来练习。但是问题又来了——两个半小时的整段时间实在难找，我该怎么办呢？

我的解决办法是把整个试题分为三部分——选择题、必修大题、选考题。平时的重点放在前面两部分，训练时花 45 分钟做选择题，再挤出 75 分钟来完成必修大题。熟练之后，自然也不用过于担心心态问题，毕竟实力才是心态的支撑。

我的学习重新步入正轨。

市一模：全班第一

学校急匆匆用一次理综考试给我们敲响警钟，希望我们在之后的市一模中能够获得一个好的成绩。

就在我调整自己的理综做题策略之后，市一模来了。这是全市统一安排的考试，最后会给出全市排名。无论是第一次理综大考的属性，还是最后的全市排名，都昭示着这次考试的重要性。

但对于这次考试，我并没有很深的记忆，这也意味着这次考试并没有什么特别之处，尤其是我在心态上没有什么起伏。考试过程非常顺利，考试发挥十分正常。

市一模结束之后，我给自己放了一次假，跟小陈说自己想放松一下，花一下午的时间在学校里逛一逛，小陈同意了。

那天下午，明明考试成绩还没有出来，我却有一种预感——自己离目标不远了。伴随满足感而来的，是一段时间高度紧绷之后的疲惫。我确实需要休息一下了，躺在图书艺术楼的长椅上，我睡了一下午。

之后的两天，除了对答案，回想市一模中出现的问题，积累试卷中的错题、难题、典型题之外，我没有做太多的工作。一方面是因为我确实需要休息，另一方面则是我也确实需要市一模的成绩来给自己鼓鼓劲。

学习应该张弛有度，我们需要在一些节点上放松紧张的神经，最好的方法当然是毫无顾忌地睡上一觉。另外，所谓的喜欢、有动力无一不是正反馈的结果，你努力之后，它给了你好的反馈，你就更愿意去做，世人皆如此。

两天之后，当我正沉浸在睡梦中时，韦天兴奋的声音吵醒了我："哥，小陈找你。我刚刚在别的班看到成绩了，你这次是全班第一！"韦天高兴的模样让我有些讶然：他兴奋得就像是自己考了第一。周围的几人也如他一般，显然是真心为我高兴。

走进办公室，小陈一脸笑意地看着我，指了指电脑上打开的表格。我在班级成绩表的第一行找到了自己：祈风，班级排名第一，年级排名第十三，全市排名第十六。显然，这次理综风暴，班里有很多人都没有度过，而我及时调整了策略，更重要的是我重新战胜了自己。

理综 276 分，语文 105 分，数学 142 分，英语 137 分，总分 660 分，这个分数意味着我已经基本掌握了高中阶段的所有知识，之前高一时因为荒唐而埋下的地雷已经被我完全清除了。坚持我之前给自己定下的目标与计划，胜利的曙光就在眼前！

注重课本的阶段结束，接下来的二轮复习则是无尽的题海了。

二轮复习：目的性规划与查漏补缺

市一模结束，接下来就是二轮复习了。

一轮复习和二轮复习的区别在哪里？二轮复习的作用是什么？

一轮复习之后，我很明白一轮复习的意义在于让你在对高中阶段所有知识都有所了解之后，重新进行一次学习，从全局角度审视之前学习的内容，给知识以逻辑联系。这也是在一轮复习之后才开始进行理综训练的原因。

那二轮复习呢？是再看一遍课本，还是单纯刷题、提升知识熟练度呢？

很多同学都存在误解，认为二轮复习就是单纯刷题，提升知识熟练度，确保自己能在有限的考试时间里做完所有题目。可是，事实果真如此吗？

不是。提升知识熟练度，这样的作用肯定是二轮复习所具有的，但仔细思考就会发现，这时候不论怎么学习，都会提升知识熟练度。

想要做完题目，最基本的前提是能做出来、能做对，单纯刷题并不能让你获得能力上的提升，顶多提升你做题的速度罢了。如果不能做对，那海量刷题的唯一作用可能就是加深错误印象，让你在考试中"错得更快"，在相同时间内写出更多的错误答案。

那为什么要有二轮复习呢？为什么二轮复习之后学生的成绩还能有不小的提升呢？这就说明了两点：第一，二轮复习之前，绝大多数学生还有很大的提升空间，而且二轮复习的时间足够学生们解决存在的问题；第二，这些问题很难在一轮复习期间得到解决。

相比于一轮复习注重基础知识，二轮复习也可以称为"拔高复习"。根据市一模的成绩，可以说我已经基本具备了角逐清华北大的能力，对高中阶段的绝大多数知识都有了较高程度的掌握，主体框架已经构建完毕。

那我缺什么呢？660分想上清华，可能，但不稳妥；680分上清华就十拿九稳了。这20分的细节问题，就是我需要弥补的。也就是说，在二轮复习阶段，我需要做的是查漏补缺。

明确这些之后，我再次进行了部署。

数学上，140分以上的分数就意味着数学题目我全都能做对，但有一些分数会扣在过程上，因此答题的规范性应该是我需要注意的。另外，目前的考试时间刚刚够我做完数学题，想要检查，时间可能就不太够了，这就意味着我还需要提升熟练度。

英语上，问题基本出现在这几个方面：完形填空总会错两个，改错题、语法题也总会错两个，作文分数不高。这就导致英语的上限几乎就定在了 135 分。我需要练字，积累英语作文素材，有针对性地训练完形填空、改错题、语法题。

理综上，最难的物理反而是我最不担心的，失分多在化学和生物两科，主要是试验过程、流程的叙述不够准确，这时候要模仿参考答案的叙述方式，改变自己的答题语言。所有参考答案要勾画标记出得分点，然后拆解成几点进行记忆。

语文上，试着刷题，从做题中总结经验。

就这样，我又给自己制订了新的学习规划。

市二模：大获全胜

在实践自己制定的二轮复习规划之时，我也一直在思考语文的学习方法，因为此时我发现了一个问题。

对于数学、理综和英语考试，即使我全部做对，也不能保证拿满分，因为不同老师和不同考试的阅卷标准都可能有所不同；拿到满分不仅需要能力，还需要非常好的运气。所以对于这几科，在分数上我几乎已经触摸到了自己的天花板。

也就是说，对于这几个科目我投入再多的时间和精力，最多也就是提升 5 分左右，但对于语文，我还有 20 多分的提升空间。

我开始格外重视语文，每天都专门花一小时左右钻研高考语文的全国卷，同时我还会向语文成绩好的同学借答题卡，对比他们的答案和我的有什么不同。在这个过程中，我第一次有了针对语文的归纳总结。

所谓功夫不负有心人，用心琢磨之下，我发现了门道。

第一，我的语文答题不够规范，答题应该采用"总分"模式，先概括自己的答案，再逐条逐点对自己的答案进行分析；第二，应该对题目进行延伸拓展，展现自己的语文能力——如果题目问作者做了什么，那就回答作者怎么样做了什么；第三，要学会联想，演绎文章的含义，这需要做大量的阅读练习。

比如关于古诗词赏析，如果问作者抒发了什么样的情感，那首先就要对题目进行演绎：从抒发了什么样的情感，到用什么样的手法抒发了什么样的情感。

其答题模板如下。

答：作者用借景抒情，抒发了自己与友人分别的离愁别绪，融情于景、情景交融。

①叙述作者怎样使用借景抒情的手法，借用了怎样的景。

②作者抒发了什么样的情感，描述作者与友人情感之深、离别之不舍。

③自行对答案进行演绎：有没有更深层次的感情，有没有一语双关，有没有能和现实结合的点。

语文也要做题，做高考题，并且要有目标、有方法地进行分析。

我开始刻意规范自己的语文答题格式，即使想不明白文章的意思，也要多写上几点，保证书写、格式规范。而在我逐渐养成良好的语文答题习惯之时，市二模来了。

按照老师们的说法，市一模、市二模的成绩是最贴近高考成绩的，因为之后的考试乃至市三模已经离高考很近了，校方更多的想法是保证考生的心态，很难说后面考试的分数里是不是有"鼓励分"。不过我倒是没有将这太放在心上，因为我的脑海里只有一个念头：尽自己所能就好。

抱着这样的心态，市二模一闪而过，终于在一次晚自习前我得知了自己的成绩：祈风，班级排名第一，年级排名第七，市排名第八。

我第一次进入了年级前十名，那次的语文成绩是109分。

上天的玩笑：头痛欲裂

在语文方面有了新发现，再加上市一模、市二模两次考试的良好表现，我突然觉得肩上的重担轻了不少。这样的成绩让我长长地松了一口气。此时离高考还有一个多月，我充满信心。

韦天他们考得也不错，为了庆祝，大家挑了一个空闲的中午一起打球。此时已经进入夏天，天气很热，所以我们专门挑了一个多云的阴天，边打边聊。

我其实不会打球，但因为这是一个团体活动，关系好的朋友们总会叫我一起，加上在球场上跑动还有和朋友们闲聊是一种很好的放松方式，所以我总会答应。大家打得很开心，我听得出韦天他们语气中的激动和对我的感谢之意。

只是四五月的天空变脸实在太快，阴了一整个上午的天刚刚还没有一丝下雨的迹象，这会儿就是倾盆大雨，给我们浇了个通透。几个傻小子趁着身上兴奋和高兴的劲，在雨中追着球，玩得不亦乐乎。

雨天的篮球场很滑，玩闹之中一个不注意，我滑了一跤，头磕在了地上。当时我并没有在意，还跟朋友们一起自嘲了许久。当时的我并不知道，这一跤会给我带来什么样的影响。

当天晚上回到宿舍，我突然感觉右眼看东西有黑点和重影，而且有一些头疼。但我没有在意，只当是回来太晚，整个楼道的光线太暗，再加上最近自己学习确实也比较累，有些头疼很正常，洗漱之后就正常上床睡觉了。

可第二天起床时，我发现了不对劲：醒来之后我感觉头特别沉，脑袋像是从正中间被人一斧子劈开了一般，疼痛欲裂；再加上耳鸣，我感觉天旋地转。我哀号着起身，让室友摸了摸我的额头，很烫。

"发烧了？这没什么大不了的，等十点左右课间操时间去校医室吧，又不是没生过病。"带着这样的想法，我没有告诉老师，而是照常早读、上课，可身体却越发不对劲：眩晕、恶心、无法集中注意力、脑袋发胀等症状轮番踩踯着我的感官。

好不容易挨到了课间操时间，在韦天的搀扶之下，我走向了校医室。询问了我的情况之后，医生紧皱眉头，一脸疑惑，最终让我通知班主任，并给家长打电话去医院拍一个脑部CT（计算机断层扫描术），校医室的医疗设施实在无法对我的情况进行诊断。

而此时的我还想着硬撑，并没有把校医的建议当回事。我没有想到这样做会有什么严重的后果，此时的我心里只有高考。终于，到上午第五节课，我撑不住了，伴随着我的一声哀号，数学老师叫来了小陈。

"是祈风的爸爸吗？祈风在学校生病了，他头疼，校医这边建议送去市医院拍一个 CT，您方便尽快来一趟学校吗？"

此时我还没有意识到，在离高考只有一个多月的时刻，上天跟我开了一个什么样的玩笑。

医院半月：翘首盼归

中午，父亲来学校把我带去了市医院。在医院折腾了一下午之后，我看到了自己脑部的影像：一块白斑赫然出现在半边大脑上，医生说那是瘀血。

"你现在得住院，不能见风，不能出去，不然风险太大。"

然而此时的我满脑子都是高考，尽管医生极力劝阻，我还是坚持要回学校拿自己的课本、笔记本、练习题。因为我的各种本子太多，书桌又太乱，如果让别人帮我拿的话，他们可能根本弄不清楚我要的到底是什么。

到了晚上，怀着万般的不愿，我多次跟医生商量能不能不住院："能不能开点药，我在学校注意就行了，输液的话让校医室的医生帮我输就好。"得到的答复是不行，需要留院观察，不住院的话风险太大。纵使万般不愿，我还是留了下来，不过在我的请求下，医院分了一间安静的病房给我，病友是一个退休的老干部。

不能劳累、不能洗澡、不能吹风，那段时间的我活脱脱像一只意外踩中捕兽夹的野生刺猬。因为头疼、疲倦，我每天几乎都是在昏昏沉沉中度过的，大把的时间用来睡觉、做检查、输液，头脑清醒、能用来学习的时间寥寥无几。

小陈来看过我几次，可能是有同学问我的情况，小陈就告诉了他们我所在的医院和病床号。之后的几天，每天都有不住校的同学专门来医院看我，时间多是在中午，大多数情况下我在睡觉，每次醒来看见同学带来的书本、水果或是写下的字条我都温暖不已。

之后的一个周六，我经历了或许是这十几年人生中最感动的时刻。那天傍晚，随着几声敲门声，我打开了病房的房门，班里的同学们如同潮水一般涌了进来，男生们把我举起来欢呼，动静之大几乎惊动了值班护士。

在医院闹出这样的动静确实不妥，但也确实让我感受到了班级的温暖，高考、同学情、即将离开高中的离愁别绪掺杂在一起，我几乎要哭出来。之后的每一天、每一刻，我都期盼着走出病房，回到学校。

住院大概一周之后，大脑的瘀血基本被吸收了，我清醒的时间也多了不少。焦急之下，我立马在医院开始了学习，回到了学校的作息。就这样在医院又度过了一周，医生们都对这个每天在病房埋头做题的病人啧啧称奇，在经过我的病房时都会忍不住把脚步放得更轻。

可医院终究不是学校，没有讲授的老师，没有讨论的同学，甚至在病床上写字也非常困难。我踮着脚尖望向学校的方向，扳着手指数着高考的日子，我太想回学校了。

终于，在住院半个多月之后，医生终于评定我此时出院不会有什么影响，我得以返回校园。

终回校园：握不住笔的右手

返校之后，距离高考就只剩一个月了，这时候恰好迎来了市三模。刚走出病房，还没来得及恢复原本的生活节奏，我就走进了考场。

市三模因为是高考前的最后一次正式考试，可能是出于给大家加油鼓劲的想法，这次考试的题目设置得相对简单。但我没有料到的是，正是这样一次简单的考试，让我又一次直面失败。

第一场考试是语文，语文考试的答题字数比较多，而我又有一段时间没有大量写字了，所以写了没多久手就感到很酸，尤其是右手虎口和拇指连接的地方。起初我以为是太久没这样高强度地写字造成的，于是放慢了速度，但随着考试时间的不断流逝，我感觉到了不对劲。

时间仿佛越走越快，到我写作文的时候，整场语文考试还剩下不到 40 分钟的时间，这是绝对不够我把作文写完的！考场上这样的念头是致命的，情急之下，我显得十分慌张，赶紧加快了写字的速度，握笔的手也忍不住捏紧了几分。

屋漏偏逢连夜雨，就在此时，我愕然发现自己的右手拇指有些不听使唤，微微颤抖着，就是握不住手中的笔。我只得用指尖捏着手中的笔撑到了考试结束。

结果就是，作文的字写得奇丑无比，而且只写了一半。语文考试结束，我意识到这可能是因为生病导致的一些小毛病，但我实在不想再回医院待着了。心急之下，我硬撑着完成了后面的考试。

结果可以料想，后面的考试因为同样的原因，我都没有做完试题。把身体原因咽进肚子里，我只得说这是因为自己太久不做题了，生疏了。此时的我知道自己已经到了最后的复习阶段，于是每天为了提高做题的熟练度而疯狂刷题，心态也在这样的生活中逐渐走向慌张、疲劳、麻木。

一轮复习注重全局、基础知识，二轮复习查漏补缺、针对性拔高，三轮复习的重中之重则是心态和作息，此时已经不会有太大的提升空间，确保自己在高考中正常发挥就是三轮复习的目标。当时的我显然没有意识到这一点。

对于三轮复习应该是什么样的，这时我并不知道，因为住院，我没有感受到整体的氛围变化，没有其他人可以用来比较，没有老师一遍遍的反复强调，所以我仍沉浸在二轮复习当中。说实话，我并没有做好迎接高考的准备。

高三复习中，大家都会经历这样一个过程：一轮复习之后觉得自己好像懂了不少知识；二轮复习开始一段时间后，觉得自己什么都懂了；三轮复习，开始在知识的犄角旮旯寻觅、较真，反而忽略了不少东西，明明对知识的掌握程度更深，却总把题目做错；三轮结束，你会豁然开朗，成绩有一个突破。

很不幸，因为在病房休息了半个多月，在高考倒计时只剩下几天之时，我才进入三轮复习。

第一次高考：名落孙山

在无数考生盼望又恐惧了不知多少日子之后，高考终于来了。

遗憾的是，此时的我并没有完全恢复。

高考前两天，学校放假，给我们时间来调整状态、熟悉考点。高考的考场离家比较远，再加上家里始终非常吵闹，为了方便休息和复习，看完考场的当天下午，我选择一个人住在考场旁边的宾馆里。

高考前一天的晚上，我觉得右眼有点痒，不过我没在意，结果半夜辗转反侧，紧张的情绪在心中蔓延，大脑像一锅沸腾的水一样，烫得我生疼。昏昏沉沉中，不知到了凌晨几点，我才进入梦中。

凌晨五点半，仿佛定了闹钟一般，我在前一天晚上始终睡不着的情况下又在这个平时的起床时刻醒来了。醒来之后怎么都睡不着，也怎么都起不来——感觉头很沉，我怎样都不能把自己从床上拔起来，急得我简直要喊救命。挣扎许久之后，我才终于起了床，此时的我浑身冷汗。

拿出自住院之后常在枕头边备着的温度计：38.1摄氏度。我发烧了。可是要高考了啊！我顿时慌了神，平复了心情之后，我还是决定撑到高考结束，兴许今晚睡一觉就好了呢？

第一天考的科目是语文、数学，好不容易挨过了两场考试，出了考场，我做的第一件事就是把自己甩到床上，想要尽快睡觉。可在床上翻腾了许久之后，我仍旧没有睡着，甚至感到些许头疼。从当天下午5点多到第二天早上考试前，我没有睡着一分钟，满脑子都是第一天考得如何，如果高考失利对于我来说意味着什么。再加上大脑时不时的刺痛感，烦乱和疼痛交织在一起，仿佛在演奏一曲我不愿聆听的乐章，让我实在难以忍受。

虽然我的失眠和没有完全康复有着不小的关系，但即使没有脑瘀血的插曲，我以这样的状态大概率还是会失眠的。高考一定要秉持"考完一科就忘掉一科"的原则，坚决不要因为之前考试的好坏影响后续的状态。比较好的方法有睡觉、吃东西、聊天、做之后要考的科目的习题等。

这样的状态导致的结果是显而易见的：我的右手又一次握不住了。上午的理综，我没有做完；下午的英语，我没办法集中注意力思考。

考完之后，我显然知道自己发挥得如何；我没有估分，只是返回学校和同学们一起聊天、玩笑，之后我们一起聚了很多次，唱了很多次歌，打了很多场游戏。有朋友问我考得怎么样，我说准备复读了。没人知道我当时的状态如何，当然也就没有人相信我的话。

终于，2017年6月23日晚，高考成绩出来了。因为知道自己考得不好，再加上高考出分当晚查分的人太多，很难挤进查分的网站，我也就没了兴致。半夜小陈打来电话，问我的分数，这时我才从床上爬起，用父亲的手机上网查到了自己的分数：语文105分，数学145分，英语120分，理综210分，总分580分。

很难想象，在理综选择题全对的情况下，我是以什么样的状态只考了210分的。

毫无疑问，这是自高三以来我考的最低的分数——我落榜了。

又一个暑假：落榜考生的自白

如果用一个词来总结我的高三生活，我会选择"进步"。

从一轮复习时拾起高一落下的知识，构建化学学习逻辑，积累数学答题模板、题型，分析语文考法，梳理生物知识，坚持英语阅读；到二轮复习时的查漏补缺，屡战屡胜，捷报频传；再到惊天一摔之后的慌乱无助、死撑硬顶；最后，遗憾离场。其中确实有很多不理智、不理性的成分，但不得不承认的是，我那颗进取的心被唤醒了。

这颗进取的心让我从学渣一路逆袭，过五关，斩六将，成为成绩最好的一批学生；但也是这颗心让我过于刚强，不明白过刚易折，最后的高考落榜给我敲响了警钟。

高考成绩出来之前，我还抱着一丝希望——万一呢？万一自己考得不像想象中那么糟糕呢？数学我感觉考得还行，万一其他科也一样没受到多大的影响呢？

但现实像一把大锤，悍然敲碎了我最后一丝希望：580分的成绩让我难以接受，这比预期的低了不知多少分。看到成绩的那一刻，我几乎哭了出来。缩在床上待了一天之后，外面下起了小雨，仿佛天空都在为我哭泣。难过之中，我写下了这样一段文字。

窗外雨滴点点，

炎热过后，为何还是炎热？

天边乌云朵朵，

日落之后，为何还是日落？

此日阴云密布，

失落之后，凭什么还是失落？

付出了什么，又得到了什么？

悲伤之后，

是否，只站立着苦涩？

这段文字没有文采，不工整，也不讲究平仄，但很好地体现了我心中的阴郁与苦涩——我已经度过了一个奋斗不止、疲惫不堪、意外不断的高三，说真的，我不想再过一次了。韦天考上了本地的"211工程"大学，专门打电话向我道谢，一起学习的一帮同学基本都有了比较好的去处，而领头的我却考得一塌糊涂。

之后不止一个同学打电话来问我的去向，也有不止一个同学虽然考得远不如平时，但还是选择了去读大学，理由是高三太苦了。

高三时，我们教室的横梁上挂着这样一幅标语："努力到无能为力，拼搏到感动自己。"诚然，把高三学生这一年的奋斗摆在任何人眼前，他都不可能没有一丝的情感触动。

确实，高三太苦了。但我在成绩出来前就跟父母商量过，如果考得太差，那我就复读。可我没有想到，当初答应得好好的，现在他们却对我复读这件事百般阻挠。

"万一再考不好怎么办？"

"这个成绩已经很好了，你姐姐复读一年也只考上了一所二本院校。"

"你看看多少人复读一年之后成绩都是倒退的。"

"别冲动，你根本不知道复读是什么样的。"

…………

这样的劝说、告诫充满了整个暑假，直到我用光三次志愿填报机会，全都选了清华北大之后，这样的声音才稍有停息。

就这样，我踏上了复读的路。

复读吧：我该何去何从

究竟何去何从？很显然，我坚定地选择了复读。但是，该去哪里复读呢？

高考成绩出来之后，我就打听了很多学校的情况。我面临的一个问题是：我是该跟着应届生再读一遍高三，还是找一所专门的复读学校去过"高四"呢？

高三时，我们班来了一位插班复读生，她跟着我们一起又读了一遍高三。我认真观察过这位女生，她很刻苦，平时也紧跟老师的讲课节奏，但最后并没有什么提升。她很后悔复读，觉得浪费了一年的时光。

很显然，经过一轮、二轮复习的我，在复习的过程中已经明显感受到几轮复习的不同，更遑论已经经历一年高三学习的复读生了。重新走一遍高三的旅程，无非重复当年走过的路罢了，很难有什么新意和进步。如果我确定自己有百分之百的把握考上清华北大，那我可以走这条路，毕竟维持现状就行了。可我有这样的把握吗？

全省的清华北大名额加在一起也只有六七十个，一个今年在几次统考中都考了全省第一，被当作"状元"种子培养的同学在高考时也考了和我一样的分数。谁又敢说有绝对的把握呢？更何况语文这个短板我还没有补齐。

复读生应该有复读生自己的节奏，我应该选专门的复读学校。

同时，我还在纠结：我撑得过这没有熟悉的同学老师支持，且相较于高三压力倍增的一年吗？我适不适合复读？

什么样的人适合复读？我又有什么样的优势呢？我身边复读的人有很多——姐姐、房东的两个女儿、侄子，哥哥也在初三复读过。太多人复读过了，其中房东的大女儿更是复读过三年。这些人都有一个共同点：复读之后几乎没有什么进步。

是什么导致了他们的失败呢？没有目标，没有规划，他们复读更多是因为不知道自己的真实水平，单纯希望能上一所好一些的大学，周围复读的人又很多，他们就稀里糊涂地加入了复读队伍。没有目标，没有规划，没有定位，没有坚决的态度，这样的同学其实很难撑过复读期间的煎熬，更别说取得进步了。

而我呢？高二时破釜沉舟的经历让我感受到了自己内心深处的力量，此时我应该注意的反而是过刚易折。就性格而言，我适合再读一年；就成绩而言，我一定会有高考分数上的进步。

该如何确保这一年的复读是有效的？我必须做好最坏的打算——就算我再发烧一次，也依然能保证自己发挥出应有的水平。

我决定，从复读的第一天开始，就在每天随身携带的笔记本上画"正"字，一天一笔，记录每天的状态：状态一般用黑笔，状态较好用蓝笔，状态不好用红笔。看到当天的状态可以帮助我调整后一天的安排。当然，具体的做法要等到真正复读时才能确定。

明确了自己的方向，我开始寻找复读学校，最终选择了隔壁市一所以复读生教育水平高著称的学校：江河学校。

这所学校的教学严厉程度众所周知，也正是这种严厉的教学风格给复读生创造了良好的环境。2017 年 8 月 1 日，我正式踏进这所复读学校。

以往只是耳闻，真正进入这所学校之后我才感受到其气氛的压抑：学校教学楼呈环形，所有学生每天都是三点一线——教室、食堂、宿舍，没有任何时间去想其他任何事情。

这所学校高一、高二年级各有 600 多名学生，但高三年级足足有 2400 多名学生，复读生的数量几乎是应届高一到高三学生人数的总和。学生分班也很直接：复读生全都分在复读班，复读班按照高考成绩分成特优班、重点班、普通班等。因为高考成绩排在所有复读学生里的第七名，我被分到了特优班。

在江河学校的第一堂课是物理课，给我们上课的老师叫李显杰，后来我们私下都叫他小李。老师让我们拿出新发的高考试题，翻到第二十题。正当我准备领教江河学校老师的教学水平之时，小李指着黑板大声发问："几号？"

重复了好几遍"几号"也没有人回应，小李怒了："连几号都不知道，你们还高考什么？"随后他摔门而出。

班里有一个在这里复读过一年的同学王泽，他为我解答了疑惑：小李为了显示自己的教学水平高深莫测，把所有的物理公式都编了号，平时他上课只会提到"几号"两个字。

这里有一个分辨复读学校水平的小技巧，就是看每年应届生的高考成绩如何。很多复读学校应届生的高考成绩很差，但复读生成绩不错，这是因为复读生在其他学校已经接受过比较好的教育，有比较好的学习习惯，复读学校只是以严格的约束让他们有了更好的成绩。江河学校就是如此，实际上它对应届生的教学能力并不出众。

这样的情况让我措手不及，看来复读之路很难有老师的助力，只能靠自己了。

考试快来了，但我感冒了

生活一旦陷入恶性循环似乎就很难再回到正轨，高考之后我的生活就是如此。在江河学校入学军训结束之后的盛夏，我很快患上了感冒，随即是低烧。

此时的我心急如焚，每天在课上咳嗽不止且浑身无力，原本就宝贵的复读时间就这样在感冒与低烧的折磨之中慢慢消逝。那段时间，我几乎每天画"正"字的那一笔都是红色的。

很快，复读的生活就在这样无力的状态中过去了一个月。令我没想到的是，在一次应届高三年级一起参加的考试里，我竟然没有做完数学和物理两科的试题。入学时我的高考成绩是复读生里的第七名，这一次我的名次是第二十八名。

这二十一名的退步是我不能接受的，要知道，复读生第一名和第三十名的高考成绩几乎差了 60 分。我如果以第一次高考时的状态考出这样的成绩，那是可以理解的，但简单的感冒和低烧就导致这样的结果，我不能接受，一定还有深层次的原因。

首先是复读生里藏龙卧虎。分数比较高还选择复读的同学，很多是因为没有考上理想的院校，其中高考发挥失常的比比皆是，所以入学排名并不能说明大家的真实水平。

其次是当时的我显然还没有完全弄明白复读生要做什么。我以为以自己的能力保持原有水平并正常发挥就够了，短时间内再来一次高考我也不会重蹈覆辙。可事实并非如此，我还有很多不足，一年后我需要和复读生还有应届生一同竞争，这些应届生中有"应届时的我"，复读生中有"复读后的我"。学习如逆水行舟，不进则退。当我选择保持原有水平的时候，我就已经选择了退步。

很多人会在高考成绩出来后抱怨自己只是没考好，高考成绩不如平时的成绩。可是，平时的考试不是高考，高考永远是新的，平时永远是旧的。不论怎样，想考上好大学就得看高考成绩。这些抱怨的同学中大部分在实际复读之后会发现：原来学校每年的安排、训练都是以这一年的高考为基准调整的，原来自己确实只能拿这样的分数，原来高考并不只基于做过的试题，原来学习真的是不进则退。

最后就是我的痼疾——语文了。语文一直是我的短板，即使在第一次高考前有所提升，但进步仍然有限。如果我想在第二次高考中有更大的把握，那就必须把语文作为优先级第一的学科去对待。

可是感冒发烧这样的身体问题一直困扰着我，无力感环绕在我身边，我感觉心有余而力不足，能不能等身体问题解决之后再做谋划呢？

可是，如果下一次高考我仍面临这样的问题呢？再让发烧成为失败的借口？再让这样或那样的意外打乱我的节奏？这些复读的同学中又有几个是高考时没有出意外的呢？

因此，我需要做好最坏的打算。

此刻我需要的不是借口，而是"尽管开始做"。

任务部署：心态调整与查漏补缺

每一次调整我总需要一个新的行动纲领，确定主要的方向。这一次，经过思考和对比之后，我将主要目标定在了心态调整和查漏补缺上。

此处的心态并不是考场心态，而是对待复读、对待之后长时间学习生活的心态。此刻，我是一个复读生，不是高三生，不是大学生，我处在一个全新的学习阶段，高三的那一套生活逻辑对我已经不再适用，面对全新的学习生活，我需要一套新的应对措施。

首先，还是确定目标。复读一年的目标只有一个，那就是提高高考分数，在下一次高考中尽量发挥出自己的水平。复读与高三有所不同，我已经体验过上高考考场的感觉，知道高考题出现在面前时是什么样的——尽管每年的高考题都会变化，但它总会给你一种似曾相识又若即若离的感觉。

似曾相识是因为高考题都出自课本知识，我们平时练习的题目几乎都脱胎于高考试题；若即若离是因为它不会是你见过的题目，需要做出全新的思考。一个比较好的锻炼自己适应这种感觉的方式是定期进行一次模拟高考，选择比较偏的试题，最好是那种和平时考试、练习差别比较大的试题，以锻炼自己应对新题目的心态，减少对心中题库的过度依赖。

其次，是习惯的养成。我是一个性子很急的人，平时吃饭狼吞虎咽，走路匆匆忙忙，做题也十分着急，每次努力过后就希望能够在短期内看到回报，看不到回报就会失望。表现在高考上，就是容易因为各种意外而崩溃，新题型、新题目的出现会让我坐立不安，难以深度思考。因此，我需要刻意放慢节奏——做题、走路、吃饭等的节奏。

最后，是要学会反思。经历过一次真正的高考之后，很多高考成绩好的复读生会犯一个毛病：过分看重高考成绩，笃信自己的学习方法，笃定自己短时间内再考一次一定能赢。可事实并非如此，反而是高考成绩暂时落后但能积极学习、摸索适应复读生活的同学进步更快，乃至实现赶超。

那么，什么又是查漏补缺呢？简而言之，就是寻找自己的短板，大到整体的心态、整个科目，小到一个细碎的知识点。此时的我已经基本掌握了高中阶段所有知识的主体框架，需要做的是在不足上下功夫，如果一直躺在自己的舒适区，很快就会被人追赶上。

应对复读生活，应该有全新的心态；应对课程内容，应该了解自己对不同知识的掌握程度，对不同知识的时间分配也应该有所不同。

语文新思：站在阅卷者的角度

随着笔下"正"字的蓝色笔画越来越多，红色越来越少，我逐渐进入了复读的状态。

这样稳定的节奏持续了一个多月，一次月考阅卷给了我新的启发。

这次月考是江河学校所在地区高中的一次联考，江河学校的老师不光要管学生的教学工作，对于纪律、卫生等也都有近乎严苛的要求，而这次考试之后的阅卷工作量又相对较大，要模拟高考阅卷，一份试卷要过两人的手。为了加快工作进度，除了学校里资深的老师要参加阅卷，我们这些年级前三十名的复读生也成了阅卷者。

交给我的阅卷工作让我哭笑不得，是我最不擅长的语文。

一上午的时间，四五百份试卷，这样的工作让我得以第一次站在评审者的角度审视考试。这次阅卷对我的冲击是全方位的。

首先，把字写好是语文考试的一项重要准则。看到卷面杂乱的试卷，我基本每道题都会降一分批阅，是每道题一分！而且这样批阅的试卷基本不会被打回，也就是说另一个阅卷老师和我的意见基本一致。

其次，语文题目分点答题真的很有效。语文是一个自由发挥空间很大的科目，几乎所有题目都可以在标准答案之外添加"其他合理答案"，这就给了答题者很大的自由度和发挥空间。在不影响卷面效果的情况下，分点答题的效果要好上不少。

最后是作文。作文给我的感受可以延伸到其他题目上：语文考试的本质是最直白的炫耀，告诉阅卷者这题我会，这作文我写得好！总体来说有以下三点启发。

第一，一上午批改 500 多份试卷，能够分给每篇作文的时间不会超过 40 秒。大多数情况下高考考的是议论文，所以阅卷者第一个要找的是论点，之后才看议论是否严密、语言是否优美。所以作文的所有优点都需要尽量摆在最显眼的位置，标题最好就是你的论点，简单凝练，让人一眼就能看懂你想说些什么。

第二，想要展现你的积累，就用诗词、名言或是自己总结的精练的句子作为每一段的开头，之后再展开叙述。

第三，高考作文一般要求写 800~1000 字，讲究"虎头豹尾猪肚"，开头、结尾要很漂亮，中间内容的翔实紧密和文采都是加分项。平时积累合适的句子、名言是你在现有水平上拿到作文高分的最好手段。

"知己知彼，百战不殆"，站在阅卷者的角度评改试题之后，我知道了阅卷者想要看到什么样的试卷，也知道了自己要努力提升的点在哪里。结合之前的学习习惯，我决定重新钻研过去十年全国 I 卷的语文试题。

今时不同往昔，我已经知道了自己的目标在哪儿，自然要在行动计划上向目标对齐。我需要对自己做过的过去的高考题答案进行拆分，能分成两点的就不要归纳为一点，并精打细磨每一道题的答案，找到它能够得分的理由，尝试在平时的练习中模仿高考参考答案的答题语言。

第一次，我感觉自己对语文考试充满了信心。

期中考试：年级第一

这次月考像一个小插曲，除了给我一次阅卷的机会之外就再无波澜。不知出于什么样的考虑，学校没有公布这次考试的成绩，不过想来我的考试成绩也不会很好，因为班上的老师对我明显不如入学时那般热情了。

虽说不要计较一城一池的得失，但对于第一次月考的失利，我还是有些耿耿于怀——毕竟这直接否掉了我对第一次高考成绩不服的合理性。经过不断的复盘和练习，我的心态和状态都在不断改善，与此同时，期中考试来了。

这次期中考试同样也是联考，因为理科没有综合考查，所以分数设置是语文、数学、英语每科满分150分，物理、化学、生物每科满分100分。

同样是低烧和感冒，这一次考前我十分放松。虽然我急于向自己证明自己的能力，但我同样知道，越想要发挥自己的水平，越需要忘记这次考试的重要性，把它当作一次普通的练习。在战略上重视它，在战术上藐视它。

忘了自己在感冒发烧，忘了上次的失利，紧张了就做深呼吸，仿佛没有这次考试一般。考试前一天，我没有急于复习，而是按照原本的计划照常学习。

可能真的做到了在战术上藐视它，我对于这次考试实在只有一个印象：放松。每一门考试都是如此顺畅，以至于每考完一门，我都下意识地想从抽屉里拿出答案进行批改。

考完之后的两天，全年级都沉寂在对成绩的期待之中。因为老师们去阅卷了，所以高三应届班和复读班这两天几乎都在自习和做题。

第三天上午的第三节课，上课铃响起，一个久违的脚步声终于在耳边响起——小李批改完试卷回来上课了。课程内容是讲这次期中考试的试题，但这不重要，重要的是小李带来了一个消息：期中考试的成绩已经出来了，这次考试物理只有一个人满分，而且就在我们班。

就在同学们猜测谁是第一之时，班主任开始按排名从后往前叫同学们去办公室分析这次考试的成绩。同学们的猜测议论没有持续多久，第一个被叫出去的同学就返回了教室，一脸兴奋地冲到我的面前："祈风，你太厉害了，年级第一！"

语文 110 分，数学 150 分，英语 142 分，物理 100 分，化学 97 分，生物 92 分，总分 691 分，年级排名第一，全市排名第一。

终于，我如愿以偿。

上天的又一个玩笑：41 摄氏度的高烧与断崖式退步

这次期中考试的胜利再一次把鲜花和掌声送到了我的身边，之后的几次考试，我的成绩始终排在年级前五名。

但随着寒假临近，接下来的事让我这样一个身高一米八、体重一百五十斤的壮汉难以理解。

感冒持续近两个月也就罢了，一次早上跑操，我竟直接因体力不支瘫倒在了操场上，旁边的同学把我送去了校医室。体温量了好几遍，我甚至不敢相信自己看到的——41摄氏度，我第一次烧到这么高的温度。毫无疑问，这又是一次校医室无能为力的患病，我被紧急送回了家。

又是脱离学校的两周，只是这次我没有了上一次的焦急。一轮复习基本已经结束，二轮复习开始了，那我就以学校的作息为基准，只是每天增加3~4小时的睡眠，正常进行我的二轮复习。

两周后，返回学校时已是期末考试，这是复读之后的第一次理综考试，状态不佳的我自然没有取得什么像样的成绩：年级排名一百六十八。

江河学校的一本录取率比一中要低一些，只有40%左右。也就是说2400多人的高三年级，只有大约900人能被一本高校录取。除去文科生，理科生需要排在年级前五百名才能被一本高校录取，而我这个成绩就只能考虑"211"和排位靠后的"985"学校了。这时候，复读的时间已经过了大半，我笔下的"正"字已经记录了一百八十多个日日夜夜。

这时候的我总该慌了吧？不，我没有。

自从复读以来，我就开始观察周围同学的状态。他们中有复读一年两年的，也有复读三年四年的，甚至有大三、大四退学回来重新准备高考的。通过长期的观察与接触，我有了以下发现。

从8月1日开始复读，到高考前一共三百一十天。此时复读的旅程已经过了大半，周围的不少同学已经有了超越我的能力，但我仍有信心在实际的考试中调整自己、稳压他们一头。为什么？因为复读生的心态问题。

心态问题是复读生最大的问题，长久的知识积累让他们对高中知识再熟悉不过，但不少人因前一次或前几次高考的失利而留下阴影，不能在大考中保持冷静，以至于讲题时滔滔不绝，但一到大考就难以发挥正常水平。所以复读生的重中之重在于调整心态，而不是其他。

复读时班上有一个女生一直被当作状元看待，她平时做题无论速度还是正确率都只能用一个词形容——完美，完美的速度，完美的正确率。但凡她做过的题目，就没有做错的。可她每次大考时都非常紧张，几乎浑身颤抖。几次考试下来，她还没有进过年级前三百名。这并不是个例，她只是表现得最明显的一个。大部分复读生都曾被高考打击过，因此有逃避考试的倾向，这才是他们最难战胜的拦路虎和最难突破的关隘。

我见过的复读生很多，其中相当一部分人复读之后成绩仍止步不前甚至倒退，多次复读的更是如此。但如果你说他们在知识水平上没有进步，那就大错特错了。无一例外，他们全都败在心态上。

东山再起

明确了自己最要紧的问题，我开始了新一轮的部署。

首先，我需要休息。期末考试之后，我没有按照要求在学校待到大年三十再回家，而是早早地请了病假回家休息。回家后，我格外注意自己的身体状态和心理状态。可能两地的地形、气候有些差异，只要返回江河学校所在的城市，我就要虚弱很多，因此我需要养好身体来应对高考。

与此同时，英语、语文两个科目的练习没有间断，我每天至少要各抽出一个小时的时间进行两科的练习。英语重在阅读理解，语文则是作文素材积累、题型分解。这很重要，因为这两个科目是很重视语感的，如果练习中断就很难再拾起，特别是英语与我们的日常生活相去甚远，这种感觉要长久地培养。

接着就是准备正月初六开学之后的二轮复习了。与高三时的部署不同，这一次的高烧又打乱了我的节奏，身体状态对我的复习计划产生了很大的阻碍，但由于我经历过一次二轮复习，所以可以适当放缓进度，给自己一个月左右的时间恢复、休息。状态恢复后，再重新赶上二轮复习的进度。

二轮复习之后是三轮复习，三轮复习完基本就走到了高考的门口，这时候更要格外注意自己的心态变化。除了每两天严格对照高考的时间标准给自己安排一次"高考"外，我的任务就是批改试题、积累典型题和难题。

考前最后一周，我所有的任务就在于复习自己积累的典型题、错题、难题，每看一道题就在心中复盘，用笔进行简写。如果能确保再遇到这道题时不会犯错，就把那一页纸撕掉，争取到高考前刚好撕完自己积累的所有典型题、错题、难题。

日常生活中，我要明确一点：在战略上重视高考，在战术上藐视高考。也就是说，越是自己重视的考试越要把它当作平时的练习，在平常就培养这样的习惯，争取在高考时能够呈现复读时第一次期中考试那样的状态。

忙里偷闲的日子总是转瞬即逝，寒假很快结束，我们又进入了复习、考试、批改、复习的循环当中。如我所料，前几次考试我的状态一直不佳；但出乎我意料的是，考得不好的更多是思考量更大的数学和理综，英语和语文反而成了发挥最稳定的两科，单科一直排在年级前十名。

这样的状态一直持续到市二模之前，其间我的名次一直都是年级一百多名。清华北大的招生组几次来学校里宣讲，被当作种子选手的同学都被叫去和清华北大的老师交流，但班主任一次都没有通知我。

此时的我没有气馁，依旧根据自己的状态按部就班地进行调整。我不是第一次经历这样的身体状态，没有谁比此时的我更知道自己需要什么。

终于，市二模来了，过程我已经记不清楚，但我记得自己的名次——年级第三。

第二次高考：得偿所愿

实际上，市二模之后，距离高考也就只剩下一个多月了，这之后几乎所有的学校都不会再安排什么重大考试了，即使安排，也不会再告知同学们排名。时间就这样在不断重复的考试与复习中一点点溜走，我笔下的"正"字也逐渐写到了六十个——三百天了，复读三百天，离高考只有十天了。

高考倒计时十天，我放下了自己还没做的练习题和试卷，转而将目光投向自己做过的试题和以往的积累上，上午文科、下午理科，晚上梳理当天所得。

高考倒计时五天，我基本看完了手里存留的试卷，把注意力集中在数学和理综的积累上。此时，语文、英语除了每天一小时的练习不断，临时抱佛脚已经起不到什么作用了，所以我把重心放到了其他科目上。

高考倒计时三天，看着自己手里的笔记本、积累本一页页地变薄，一种无与伦比的畅快感和成就感充满心间，此时我的抽屉基本已经空了。我把目光投向了去年的高考题。

高考倒计时两天，高考前最后一次练手，我严格按照高考的时间制定作息表，把2017年的考卷当作考题，在高考前两天进行了一次模拟，以评估自己的状态。

高考倒计时一天，学校放假，学生看考场。除了语文和英语每天一小时的练习之外，我难得地迎来了一次完全的放松。当晚，我用蓝笔在笔记本的扉页写下"正"字的最后一笔，坠入梦乡。不幸的是，这次我又感冒了，还有点儿低烧；幸运的是，这一次，我的心态已经完全不同。

"十年寒窗磨一剑，今朝出鞘试锋芒。"街上是飞扬的标语和随风舞动的红旗，全城都被调动起来，道路上的交警比平日增加了不知几倍，送考爱心车往来穿梭。终于，高考来了！

第一科考的是语文，按部就班，考试结束前两分钟，完成答题。

第二科数学，2018年全国I卷的数学试题比较简单，而且题目改动也不小。第十九题的概率统计是全新的题型，稍微打乱了我的节奏，但我很快调整了过来。试卷做完抬头看时间：提前了 1 小时 10 分钟做完试题，我甚至有点儿不敢相信自己的眼睛。

第二天早上，我走进理科综合考试的考场，一切如常，考试终了前三分钟完成答题，与预计相差不大。考完精神有些紧绷，高强度的思考和书写让我趴在桌子上平复了很久。

最后一科，英语。英语考试是最轻松的，因为一直以来我的英语试题都能在一小时左右做完，我没有时间方面的顾虑。走进考场的一刻，仿佛高考已经结束了。做完手中的卷子，抬头看向黑板，看到上面写的"2018 年普通高等院校招生全国统一考试"，我才恍惚意识到，自己是在高考的考场上。

走出考场，我终于迎来了久违的完全放松。大睡一觉后，打开几乎一年没有登录的 QQ，我惊呆了：无数的高考祝福，无数次有关大小考试的问候涌入我的消息框，韦天、阿亮的头像闪个不停……

接下来是聚会、休息、健身……直到 6 月 24 日凌晨三点左右，复读班的班主任一个电话打了过来："祈风，你高考分数多少？"此时，我才从床上爬起，在迷糊中打开了高考查分页面，输入账号密码。

祈风：语文 126 分，数学 146 分，英语 148 分，理综 266 分，总分 686 分。

"我估计你这个分数能上清华，今天清华招生组应该会给你打电话。"班主任的话让整个家里充满了炽热的寂静。

6 月 24 日午后，一个电话打了过来："是祈风吗？我们是清华大学招生组，你的排名在全省前七十名，方便今天来找我们谈一下专业吗？我们在……"

小结：复读310天

舟行至此，我复读生活的故事已然结束。复读没有我想象的那么顺利，我也没有像自己想象的那样平稳度过复读的一切煎熬。

如果用一个词来形容这一年的我，我更愿意用"苦行僧"一词。

没有人是一座孤岛，复读一年最大的挑战是心中的煎熬。

复读一年，我体会到前所未有的孤独与煎熬。高中时，身边是熟悉的老师、同学，一起度过三年时光的同窗好友，郁闷、悲喜都能一起分享，大家不会有那么强的针对高考的目的性。但复读时不同，陌生的环境、陌生的老师、陌生的同学，大家的目的都很明确——冲刺下一次高考。无人分享，无人交流，很难找到能够放心深聊的朋友，这让不少复读生在复读的一年时间里精神状态都有些异常。

复读时，如果你和升入大学的同学联系得比较多，你也许会生出这样的感觉：大家都在进步、向前，唯有我故步自封。这样的心理落差也确实让人难以忍受。

于我而言，这一年同样是一次涅槃，如高二那般。

从复读第一天起，我就开始记录自己每天的状态，这六十二个"正"字实在是一个浩大的工程：这是我人生中第一次践行一段长达三百一十天的规划。三百一十天审慎地看待自己，规划自己每一天的旅程，这并不是一件容易的事情。更多时候，我们都是下了一万遍决心，而后只是在床上翻了个身。

复读的三百一十天，于我而言是完完全全的逆境：老师不看好，家人不支持，好友不在侧，就连开始的考试成绩也不理想。其间或许是因为两地的气候不同，我病痛连连，但在这样的状态下，我做到了突破自我，这是了不起的一年。

三百一十天的复读生活早已结束，让我用一直贴在座位上的辛弃疾的词祝福复读的同学：

"鹏北海，凤朝阳。又携书剑路茫茫。明年此日青云去，却笑人间举子忙。"

附录：
我的高考心得

工欲善其事，必先利其器。这部分内容是我作为理科生对高考各科学习方法的整合。

高考心得之语文

"诛心"之问：你学习语文了吗？

很多学生，尤其是理科生，有一个通病：对语文总是一种敷衍的态度。有人可能会不服气，觉得自己用心学了语文，那么问题就来了：你究竟是学习了语文，还是只是简单地学习了语文课本？

一天24小时，除了吃饭睡觉，我们都在用自己储备的语文知识进行交流，但是问题在于：你是一直在用你的存量，用单一化、脸谱化的语言表达，还是不断精进，学以致用呢？

看到溪流清澈见底，想不到"游鱼细石，直视无碍"，只感叹一声"这水真清啊"；看到群山云雾缭绕，想不到"天与云与山与水，上下一白"，只留下一句"这真好看"；听别人说话猜不出其中真意，自己的表达也总显得苍白无力。这是部分人的现状，不学习、不重视语文。

观念辨析：语文与高考语文。

按上面的说法，语文好像无所不有、无所不包。"那语文太难了，我还是量力而行，把重心放到其他学科上吧，语文慢慢来。"然后随便找一些看似和语文相关的事情去做，比如背古诗、记字词，便心安理得地等待语文成绩的提升。"没有提升也没有关系，慢慢来。"这似乎是很多人的状态。

将学到的语文应用到实际的生活中，确实需要一个很长的过程。这一过程涉及文学素养的提升、个人习惯的养成以及拥有相应的环境。但幸运的是，高考语文存在一套得分的套路、逻辑。高考语文在属于语文的同时也属于高考，这就意味着如数学、物理一般，它是有得分技巧、提升方法的。

我参加 2018 年高考时，语文获得了 126 分的好成绩，单科排在全省前二十名，意料之外，但也在情理之中。

高考语文有其学习的套路和考试的逻辑。一份试卷、几千字的答案在一个阅卷者眼下不过两三分钟，所以一定存在一套"工业化"的流程来对语文试题进行批改，我们需要做的是从阅卷者的角度思考自己究竟如何才能拿到更高的分数。

书写，是语文试卷的脸面。

阅卷的经历告诉我，阅卷者对于工整的书写的认可度还是很高的。《三国演义》中庞统之所以不被孙权所喜，而周瑜之所以为孙权所重，都和相貌有着很大的关系。周瑜号称"美周郎"，而庞统则生得浓眉掀鼻、黑面短髯、面容古怪，就算最后投靠刘备，也因为相貌一时未被重用。书写，就是语文的脸面。

注重书写，并不是说一定要把自己的书法练得多好，而是要确保两个字——工整，保证每个字的大小一致、排列整齐，占据方格的三分之二。同样的主观题答案，书写工整与否，得分相差很大。

直率，是语文的性格。

什么叫直率？就是最直白地表达，表达出自己的能力、自己的特点，告诉阅卷者"这道题，你应该给我高分"。以作文为例进行说明。你的作文要直白地告诉阅卷者：我论点明确，我语言优美，我逻辑严密，我积累很多。

规范化，是语文的准则。

数学、物理、化学、生物这些科目都有固定的、规范的答题格式，那么语文又怎能没有？

关于语文的答题模板，我在135页已经详细讲过了，在此不再赘述。总结语文的答题套路、模板，这样固定的题型就成了填空题，更容易找到思路，做起来更得心应手。需要尤为注意的是，在这个过程中要以高考、高考参考答案为准绳，去校准自己。

中正，是语文的大脑。

第一，中正体现在价值观上，价值取向要符合主流，要正大端重。这不只针对作文，针对任何题目都是如此。

第二，中正还体现在谋篇布局上。古诗词赏析等的答题如何谋篇布局已经说过，下面主要讲讲作文。

高考作文一般分为七段。以议论文为例，开头一段，简明扼要地叙述自己的论点；第二段在论点的基础上延伸描述，可以站在论点的反面提出问题或疑问，引起转折；第三段叙述问题或疑问，予以驳斥；第四、第五段基于自己的论点进行论述，这是文章最主体的内容；第六段总结全文；第七段引用名句进行升华。

稳定，是作文的内核。

每年高考之后都会有关于作文的大量讨论，考生很容易觉得这篇文章不好找立意、那篇文章难以抓住主旨，这个难，那个怪。

对于身处考场的考生来说，留给作文的时间一般只有 40~50 分钟，实在紧张。

我的解决方法是，从一开始就一直练某几个立意，这样无论遇到什么样的题干都可以转到自己擅长写的立意上来，至于如何叙述、如何填充内容，就据实际情况而定了。

总而言之，高考语文有规律可循，想要拿到更高的分数，就要以阅卷者的视角审视自己所答的题目，更稳定、更规范地形成自己的答题逻辑，同时把课堂所学、试卷所答尝试应用到对生活的理解中，这才是真正的语文学习。

高考心得之数学

打破藩篱：学数学需要天赋吗？

可以很肯定地说：需要。但具体到高中数学上，答案则是"需要，但要得不多，一般智力水平完全可以学好"。虽然这几年我没有关注高考，但总有学弟学妹或者亲戚朋友家的孩子向我请教高考数学，研究题目时我有一种感觉：高考数学的总体趋势是在变简单。

有些同学因为我高中的逆袭经历对我产生好奇，发来各种各样的智力测试让我做，但是结果往往出乎他们意料，大多数情况下我的测试得分比他们要低。

有些天才随便看几眼就能学会，这我并不否认，毕竟考入清华后，我发现自己身边确实有不少这样的人。但具体到高中数学上，勤能补拙是适用的。

找到正确的战术：不能为了刷题而刷题。

有天赋的人光看课本就能举一反三，但大部分人做不到，我也做不到。所以我选择举三反一，毕竟题目会很直白地告诉你重点、难点、考点。但是做题不能盲目，要有针对性。

然后是处理错题本、难题本和典型题目梳理本这三个本上的题目，总体来说是错题改正，难题请教求解，典型题积累方法。我高中时会在每周末把这周做错的题目重新做一遍，两周后还能保证正确的就扔掉，不能保证的就剪下来带在身上，有空时就看，想不明白就找老师、同学请教。错一次带两周，错两次带一个月，直到不错为止。

有益的助力：一个能学习交流的朋友圈。

一个不利于学习交流的朋友圈，将是阻碍你前进的最大拦路虎。你学习，他吵闹；你专心做题，他说"学啥学，去超市，去打球，别学啦"。

这时候一方面要忽略这些损友的态度，坚信自己想要走的路；另一方面多跟同学们讲题，捋顺思路的同时发展一个有益于学习交流的朋友圈。

这里提供两个可参考的方法：用便利贴把自己做错的题目或者单词之类的贴在自己抬头就能看到的地方，方便发呆或者心情烦躁的时候看；给老师、同学讲题，通过给别人讲题提升自己的专注度。

你只要坚持认真学习一段时间，那些捣乱的同学就会因为无趣而不再打扰你；你如果真的取得进步，他们会羡慕你甚至向你请教。我经历过这个过程，成绩提升之后那些成绩差的、之前捣乱的同学反而很听我的。

最后，想好了就要坚定地去做，不要轻易被他人影响。

功夫不负有心人，愿你能践行、坚持。

高考心得之英语

第二次高考，我的英语拿到了 148 分，客观题部分拿了满分，满分 25 分的作文拿到了 23 分。下面是我的一些思考。

态度转变：不同文化语境下的思考。

根据那个去美国旅行的英国游客的故事，我们可以得知，母语同为英语的英国人和美国人尚且很难理解对方话中的意思，我们身在汉语语境之下，就更难进行跨文化交流了。所以，想要学好英语，就要养成一套英语思考方式，把自己放在英语语境中。

学习方法：沉浸在另一个语境中。

由于我们周围的人都是说汉语的，这一点似乎很难做到。但正如那个前往美国旅行的旅人，没有环境就无法理解内涵，无人点拨就无法解决问题，所以没有条件就要创造条件。

我的做法是，每天专门抽出一个小时的时间进行额外的英语阅读学习，再在每天的课间抽出三个 10 分钟给英语老师讲解自己没能完全理解的文章，把自己的思考过程完全暴露在一个专业从业者面前，这样做的收获是巨大的。

条件允许的情况下，带动周围同学组成英语学习小组、每天听一段英语录音也都是不错的选择。重要的是，要学会像以英语为母语的人那样在英语语境下思考。

阅读理解：英语学习的重中之重。

很多人一提到英语学习，就只会记单词、背语法，似乎除了这两点之外就再也没有别的办法了。诚然，英语学习需要词汇和语法的积累，但学习任何语言的目的都是交流与理解。如果把汉语的一句话拆成一个个独立的字，你能不能理解呢？难道我们学习汉语是每人抱着一本字典大背特背吗？脱离了语境，你记得住吗？

我的做法是从阅读中寻找答案。英语单词大多一词多义，就算你记住它的所有意思，也很难区分使用的语境、辨析近义词。所以从高考题、模拟题中选择阅读的文章，在自己已经理解的语境之下记忆见过的、有印象的生词、词组、语法，这样才能真正掌握它们的含义。

用便利贴记录自己遇到的生词、词组、语法，配上合适的例句或是干脆摘录文中的句子，贴在对自己而言最显眼的位置，利用碎片化的时间或休息的空隙去记忆背诵。每天记二十个左右，不知不觉间你的词汇量就会越来越大。

考场技巧：在故事语境中答题。

刚才提到对于英语的学习要学会给自己创造语境，在考场上同样如此。

因为英语考试更多的题目都是选择题，所以大多数情况下英语考试的时间是非常充足的，这时候我们就要学会充分利用这部分时间给自己创造一个语境。

大多数英语阅读理解都是一个故事，我们要学会给自己设定一个故事语境。我的做法一般是，每篇英语阅读读三遍——第一遍不做题，勾画自己觉得难以理解的部分和重点部分、题目中反复提到的名词等；第二遍在对文章内容有所了解的前提下，看问题、找答案，勾画自己拿捏不定的题目；第三遍，对照题目和文章内容进行思考和检查，最终确定答案。

想要充分理解文章，首先要把自己置身于文章构建的语境之内。

高考心得之理综

尽管同样被归纳为理科，同样需要大量的练习，需要通过题目促进理解，但物理、化学、生物这三科的区别却着实不小。

物理像是一棵树，主干——力学明确清晰，主干向外蔓延出支干，但最终都通过力学融合到一起；生物是一个又一个模块化的单元，每一模块之间其实没有什么关联，但放在一起就形成了一个整体；化学像是一串葡萄，虽然没有主干，但每种物质都像是一颗果实，这些果实通过不同的性质、反应联结起来。

高中物理最终都通向主干力学，所以力学部分是重中之重；高中生物是一个个独立的单元，所以更重视记忆，做好预习、复习才是关键；高中化学物质之间联系的枝杈太多，需要自行建立逻辑、关联，搭建主干，以简化学习。

笔记该记些什么？

对大多数人而言，不进行预习，在课堂上根本做不好笔记。笔记的重点在于勾画重难点，标记不理解语句，添注老师强调的、课本上没有写明的内容。如果没有进行充分的预习，梳理完整的内容梗概，你根本不知道老师在说些什么，自己要听些什么，落笔要记些什么，下课要问些什么。

或者说，笔记的作用在于标定自己一时消化不了的知识，做好随堂笔记的本质是听好课。怎样才算听好课？课前预习梳理课程内容框架，标记不理解的内容；课上提问，勾画重点、难点并补充；课下讨论，进行针对性练习。

单纯抄写知识点只能算作自我感动。我也常借鉴别人的笔记，但比起单纯抄我笔记的同学，我这么做的原因是什么呢？

第一，人每天的精力是有限的，绝大多数人都很难长时间保持专注，借其他同学的笔记补充我漏记的内容再正常不过。

第二，一千个人眼中有一千个哈姆雷特，同一句话、同一个讲解，不同的人会有不同的理解和思路。我经常发现自己对同一个知识点的记录和同学不同，对此我会在思考讨论之后再给老师讲解一遍，以防从一开始就理解错。

第三，对比笔记的过程其实也是回顾课堂的过程，看到记录的不同时回忆课上到底讲解了些什么，原话是什么，这样在加深记忆的同时还能反思、改进自己的听课状态。

比你优秀、用功的大有人在，积极向他们学习，在讨论和交流中才能进步。课堂时间有限，一字不落地记下老师所讲授的内容显然是不现实的，这样少了理解思考的时间反而会让听课效果不佳。所以课上的笔记要简记、速记，只要自己能看懂就行。高中时我还自己开发了一套符号，用来代替常用的词，以实现速记。

可以这么说，上课 45 分钟如果把握得好，效果可以比得上课下 180 分钟的努力。如果说随堂笔记是标定散乱的、不理解的知识点，那么整理笔记就是把它们串联进你的知识框架。记随堂笔记和整理笔记的最终目的都是帮助记忆、理解，忘了的时候便于回忆。针对理综不同的科目，记随堂笔记和整理笔记也有不同的具体方法。

对于化学，构建体系框架，梳理化学整体联系。

高中阶段化学知识最大的特点是碎，一个个反应、一种种物质的特点、用途都不同，却生生拼凑起几本书。知识点之间的联系十分有限，这时候就要强行建立联系。在记随堂笔记、整理笔记之外，建议在高中伊始就准备一个整理本，这会在高三复习阶段为你节省很大的力气。

如何强行建立联系？首先，按照高考题目和风格，我把高中阶段的化学知识大致分为氧化还原反应、离子反应、工业流程、元素化合物几个部分，其中元素化合物是最基础的知识。

具体细分根据物质、离子颜色，反应产生气体或沉淀，反应颜色变化，重要工业产物等标定重点知识。比如说红褐色的铁锈，蓝色的铜离子，生成白色沉淀的硫酸钡，浅绿色溶液变成黄色的亚铁离子铁离子转化，工业制碳酸钠利用碳酸氢钠溶解度较低的特点，等等。

如果发现一个反应符合上述所有分类，那恭喜你发现宝了。所有考试，无论大小，很可能会在这个反应上做文章。

对于生物，明确单元主线，加深理解。

和化学不同，生物的特点是每个单元都有一条主线，或是细胞分裂的全过程，或是光合作用，或是遗传定律，等等。每一个单元基本都以一个试验为主体贯穿，厘清试验的每一步干了什么，然后加以填充，再之后就是反复记忆了。

有一点很重要——模仿书本上描述试验的语言。高考时会有题目要求你对大段试验过程进行描述，这方面不注意会失分很多。

对于物理，做题辅助理解，加强概念应用。

对于物理而言，题目往往会在课本知识的基础上进行深化和拓展，课本上讲的是 1+1=2，到题目上却让你解二元一次方程。所以注重对概念的应用，通过做题总结方法要比抄书重要得多。

关于复读

复读的学生大致可分为两类：一类是高中三年完全荒废，把复读当作了高中的延续；另一类是高考成绩和期望中差距很大，想要通过复读上一所更好的大学。

对于前一类人，我的建议很简单：如果想上大学，就好好复读，抓住学习的机会！

对于后一类人，在我看来，需要权衡的方面很多，家庭环境、个人性格、心态、复读目的等都是值得关注的方面。

家庭环境与个人性格的形成密不可分，我知道的通过复读拿到好成绩的学生通常是以下两种。

一种是家庭和睦美满，父母充分尊重他的想法，甚至可以帮忙规划、安排高考备考的学生。这类学生的性格也非常开朗细腻。

就像我复读时的一位室友，后来他也考入了清华。他邀请我去家中住过一段时间，在节日、生日或各种纪念日，他和姐姐、父母四个人都会相互写信，互赠礼物，平时也会时不时相互写信表达思念、激励或宽慰。他们用简朴的文字维系深厚的亲情，彼此间无话不谈。

另一种是自身性格强悍，有很强的执行力，一开始就有明确的复读计划并能坚决贯彻的学生。对这类学生来说，如果家庭生活不和谐，就尽量在学校学习，在学校多交朋友，注意自己的心理问题。

心态与复读的目的其实也紧密相连，如果复读是为了上清华北大，或是单纯觉得自己应该比别人强，那复读生活会非常煎熬且成绩基本会越来越差，甚至面对生活的态度也会扭曲。其中很多人会连续复读，越复读越崩溃。想要在复读后取得好的成绩，一个平和的心态至关重要。

首先要明确的是，复读不是为了向别人证明什么。在这个过程中要注意对自己心态的把控，不要和周围复读的同学或应届生去比成绩，尤其不要和应届生比，否则很容易出现前期得意忘形后期垂头丧气的情况，哪一种情况都不利于你的复读。你要关注的只有自己——自己发挥得好不好？和上一次考试相比如何？之前常犯的错误这一次有没有减少？

接着是对于上一次高考的态度。很多复读生都忽略了一个问题——是模拟考试以高考为准绳，而不是高考以模拟考试为准绳。之前高考中暴露的问题就是你复读时最需要解决的问题，这些问题的出现不是偶然，如果不解决，下次高考必然会再次出现。

很多复读生会把自己失利的那次高考当成一个阴影，一个不愿去触碰、不敢去正视的疮疤。这样的态度必须改变，唯有正视失败，你才有底气去迎接成功。

关于下一次高考的态度，还是同样的一句话——在战略上重视，在战术上藐视。高考当然很重要，你很需要在这样一场考试中拿出自己最好的状态去拼一场，但是始终以这样的态度对待高考，会给作为复读生的你带来巨大的压力。越是在心底里重视高考，越要训练自己把高考当作一次平时的练习，这样你才能在下一次高考中发挥出自己的水平。

复读要选择什么样的学校？

如果是高中三年都没有好好学习，想在复读期间从头学起的学生，更建议去同水平学校的应届生班。

因为擅长复读生教育的学校基本按照之前的高考成绩分班、分配教学资源，他们的教学核心是头部的高考落榜生，这种学校的教学能力和教学节奏都不适合压根没怎么学习过的学生。

而如果是有了一定基础，只是对上次高考成绩不满意、想再提高成绩的学生，进入复读班是最合适的选择。对于大多数学生来说，复读是一个煎熬而漫长的过程，其间会经历诸多变故，因此复读与否，需要慎重考虑。

后记

　　写到这里，全书就要完结了，回首往事，感慨良多。如果用一个词来总结我这几年的中学生活，我会用"自我教育"。

　　初入中学时，我活在别人的期望里，活在情绪的掌控中。

　　升入中学的兴奋让我得意忘形，噩梦般的霸凌让我跌入深渊，10.1分的课前演讲让我重新拾起自信，但误打误撞获得的成绩又再一次让一颗年少的心飘到了九霄云外。这个时期的我心智十分不成熟，最渴望的莫过于他人的赞许，最不愿听到的无疑是他人的批评。我的情绪被别人的态度掌控着，我又在情绪的操控下成为一只提线木偶。

　　在这个过程中我有进步，有退步，在自卑与自负转换的过程中寻找着自信与成长，又在自卑或自负之时消磨着我的年华。

　　进入高中，种种坎坷和自我的不堪让我归于现实。

　　刚进入高中时，漫无目的的游荡充斥着我的生活，这时候的我虽然已经进入高中，但心理上仍和初中阶段别无二致：渴望得到别人的认可，渴望成为人群的中心，还因为初中时的不愉快而渴望拥有力量。这时的我并没有意识到，在得到他人的认可、显得"合群"之前，最重要的是成为自己、得到自己的认可。因而那时的我处处碰壁，用张扬的外表保护脆弱的内心。

或许是幸运之神突然眷顾，老师在思想政治课上提出的问题为我提供了思考的土壤：对你而言，最重要的人是谁？如果说重要，我能列出不知多少人的名字，但如果谈到最重要，那对我最重要的无疑是我自己。于是，自我意识慢慢苏醒，我开始等待一个成长的契机。

健身房遇到的残障人士用瘦弱的拳头，敲碎了我的最后一层自我保护。

当一个奇迹活生生地发生在你眼前时，你会如何反应？很庆幸，在经历一系列波折后，他的出现让我卸下张扬的外表，我开始自省，开始成长改变。

一个人最大的浪漫应该来自对自己内心力量的笃定和坚信，"我能行"的坚定与专注才是力量的最终来源。健身房的残障人士让我看到了什么是英雄，又让我明白了如何成为自己的英雄。

努力学习的两年，我学会了坚持与自省。

高二、高三的两年并不是一帆风顺的，自高二上学期一鸣惊人之后，我的成绩就在不断下滑，"一劳"并不能"永逸"。我意识到，不同学科、不同阶段的学习方法、学习重心都差别不小，在知识学习上想要"一招鲜，吃遍天"显然是不明智的，于是在交流与讨论中，我不断校准自己的学习方向。

在两年的不断尝试与努力之中，我终于迎来高考。可此时上天却跟我开了一个大大的玩笑——脑瘀血让我损失复习时间的同时乱了心境，高考时的发烧与失眠又给了我致命一击。这样的意外给我的生活又平添了几分戏剧色彩。

复读一年，我学会了自我调节。

复读的生活并不好过，并不是所有复读生都能进步，也不是所有复读生都能取得满意的结果。复读的一年时间里，我沉淀和梳理自己，在层出不穷的波折和感冒发烧之中稳住自己，寻找最适合自己的状态。

高考，似乎并不只看分数。

三年时间做一件事，是一个人从少年到青年的转变，是一个人从未成年到成年的成长，是在反复思量中拼搏奋斗的青春。不经历一次高三的人生是不完整的。诚然，在高三，痛苦与拼搏交织，悲伤与喜乐共在，一次次考试、练习见证了我们的辉煌与落魄、成长与成熟。

这几年，于我而言是涅槃，是重生，是成长。于你呢？

我祈求一阵风，拨开迷雾，让你看清前路；我祈求一阵风，吹散阴云，让你沐浴阳光；我祈求一阵风，拂去汗与泪，让你挥洒青春。